이제 그런 말은
쓰지 않습니다

이제 그런 말은 쓰지 않습니다

더 나은 내일을 위해
새로고침이
필요한 말들

유달리 글·그림

포레스트북스

아직도 이런 말 쓰고 있나요?

뭐 먹지? 나 지금 선택장애 걸렸어

노키즈존이라 그런지 조용하네

분위기 이상한데, 몰래카메라 아니야?

아, 분노조절장애 온다!

한국 출산율이 지금 세계 최저라며?

지잡대 나와서 대기업 가다니 인간승리네

주린이를 위해 한 수 가르쳐주세요

서울에서 일하려면 사투리 고쳐야지

너 오늘 여자여자하게 입고 왔네?

역시
흑형은 리듬감이
달라

그 배우 얼굴은 동양인데
몸매는 서양이야

오빠는
왜 남자답지 않게
눈물이 많아?

김치 먹는 거
보니까 한국 사람
다 됐네

정상인과
장애인이 함께 어울려
살아야지

할 거 없으면
노가다나 뛰어야지
뭐

너 혹시
페미니스트
같은 거야?

남자는 돈, 여자는 얼굴이 중요하지

이제 그런 말은 조심하면 어때요?

완벽하지 않아도
서로의 흠을 보듬으며

고백하자면 나는 이 책을 쓰기 전으로 돌아갈 수 없다. 더 이상 편하고 익숙하다는 이유로 편견에 편승했던 과거처럼, 차별 단어를 흐린 눈으로 바라볼 수가 없다. 물론 차별에 완전무결한 사람은 없다는 걸 안다. 차별을 인지하는 자와 인지하지 못하는 자, 인지하지 않으려는 자가 있을 뿐이다. 그래도 나는 나름대로 차별 단어에 민감하다고 생각했다. 하지만 이 책을 쓰면서 과거의 내가 뱉었던 말을 되새겨보니 나는 아직도 한참이나 모자란 사람이었다.

나 역시 운동을 시작하는 첫날, '헬린이'라는 단어를 아무렇지 않게 사용했고, 화날 때는 '분노조절장애'를, 무엇을 골라야 할지 난처할 때는 '선택 장애'라는 말을 재치 있는 표현이랍시고 남발했으며, '결손 가정'이라는 명칭에 별다른 이상함을 느끼지 못했다. 이렇게 많은 차별 단어를 평소에 아무렇지 않게 써왔다. 그래서 이 책을 쓰기 시작했을 때 조금은 무서웠다. "나같이 완벽하지 않은 작가가 차별 단어에 대한 책을 써도 되는 걸까?" 하는 고민에 빠지기도 했다. 하지만 책을 쓰면서 답을 찾게 되었다.

흠이 있는 사람이라 그런지 세상의 흠도 아주 많이 보였다. 세상의 흠을 메우다 보니 나의 흠도 조금씩 메워져 갔다. 이 과정에서 나는 이전보다 더 성장할 수 있었다. 나는 언어사회학자가 아니므로 차별 언어에 대해 전문적인 지식을 가르칠 용기는 없지만, 나처럼 완벽하지 않은 사람도 이렇게 달라질 수 있다는 '용기'를 가르칠 수는 있다. 이 책을 통해 우리가 습관처럼 사용하는 단어에 숨어 있는 '차별'을 찾고, 정말 이 말을 계속 사용해도 되는지 의문을 던져 함께 이야기 나누고 싶다. 그리고 여러분이 당했던 차별을 떠올려보고 또 가했던 차별을 되새겨보았으면 좋겠다. 누가 누구를 가르치기보단 서로의 흠을 보듬어주며 함께 나아가는 방식으로 말이다.

사실, 실생활에 숨어 있는 차별 단어를 하나씩 찾아 설파하며 다니다 보니, 사람들이 흔히 하는 말대로 '매사에 불편해하는 사람'이 되어버렸다. 그러다 어느 날, 누군가 내게 "도대체 그걸 다 생각하면서 말하면 불편해서 어떡하냐?"고 물었다. 그에 대한 답은 다시 다른 질문을 던지면서 찾게 되었다.

"말은 어떻게 대화가 될 수 있는가?"

내 입 밖의 단어와 문장이 말이 되어 대화를 이루려면 '듣는 이'가 존재해야 한다. 아무도 듣지 않는 외침을 대화라고 하지 않는다. 듣는 이에게 한마디라도 닿아야 비로소 대화가 될 수 있다. 혼자 구덩이에 머리를 처박고 소리치는 게 아닌 이상, 말을 대화로 만들어주는 건 누군가 들어주기 때문이다. 그렇다면 대화에서 누가 더 불편함을 감수

해야 할까? 당신의 문장은 독백이나 혼잣말로 남겨질 수도 있었다. 그런데 그 문장을 대화로 완성해준 이에게 듣는 불편까지 감수하라는 건, 다소 무책임하고 나태한 태도이다. 심지어 한 명이 아니라 백 명, 혹은 수천 명, 한 국가나 전 세계를 대상으로 말해야 한다면, 당연히 상당수가 편안하게 들을 수 있는 단어로 말하는 배려가 더욱 필요하다. 발화 속 메시지가 중요하면 중요할수록, 듣는 이가 많으면 많을수록 화자가 한 번 더 생각을 거치는 것으로 청자가 편할 수 있다면 그 번거로움은 감수할 가치가 있지 않을까?

차별 단어를 가려내어 잘 손질된 문장을 대접하는데, 발화자가 손해 볼 일은 단 하나도 없다. 오히려 무례한 단어 남발로 듣는 사람이 없어진다면 대화 자체가 성립하지 않을 테니까. 이것이 바로 내가 이 책을 쓰는 목적이다.

별걸 다 불편해한다고 인간관계가 박살 나진 않는다. 오히려 서로 경청하고 공감하면서 언어의 세계를 더 넓힐 수 있다. 이런 과정에서 깨달은 건 솔직히 나도 상대도, 차별인지 '몰라서 쓰는 말'보다 '알아도 편하니까 쓰는 말'이 더 많다는 사실이었다. 불편한 진실이었지만 마주해야 했다. 그래서 나는 주변 사람들에게 혐오로 얼룩진 나태한 대화를 바로 잡아보자고 말했다.

그렇게 단어 선택을 주의해야 하니 신경 쓸 일이 꽤 많아졌다. 그래서 프로불편러의 삶이 이전보다 더 불편해졌느냐 묻는다면, 아니다. 오히려 훨씬 편안하다. 듣는 말에 예민해지니까 그만큼 하는 말에 조심하게 됐다. 그래서 서로 말로 상처를 주거나 받을 일이 확실히 줄었다. 혹시 실수하여 상대의 마음에 약간의 생채기를 내더라도, 차별 단어를 뱉음과 동시에 '아, 실수했다'라는 생각이 들어 골든타임 안에 즉각 응급처치를 할 수 있었다.

자신의 무례를 인지하는 사람은 남의 마음에 대형 사고를 치지 않는다. 차별 단어를 애용하는 모난 습관을 버리기만 해도, 안전한 대화가 가능하다. 더불어 나도 잘해야 하겠지만, 남과 함께 잘해야 언어의 사고를 큰 폭으로 줄일 수 있다. 이건 많은 이들이 함께할수록 좋다. 차별 단어에 불편한 사람이 늘어날수록, 차별에 불편한 사람은 줄어드니까. 그리하여 모두가 불편해할수록 단 한 명도 불편하지 않을 수 있는, 불편이 만드는 편안을 다 함께 느낄 수 있길 바라며.

이 책의 집필을 믿고 권유해주신 편집자님과 출판을 도와주신 출판사의 모든 분, 나와 함께 열띤 토론을 해준 나의 가족, 나의 사랑, 나의 친구들에게 이 말을 전합니다.

여러분 덕에 이제 그런 말은 쓰지 않습니다.

유달리

차례

들어가는 글 • 완벽하지 않아도 서로의 흠을 보듬으며　7

1장 • 이제는 유행이 된 차별의 말들

헬린이를 특가에 모십니다　18

저런 급식충이 커서 틀딱 되는 거야　26

대학 못 가면 인간도 아니지　35

할 거 없으면 노가다나 뛰려고요　46

아, 진짜 분노조절장애 온다　54

이 카페 완전 소녀감성이다　64

짠! 놀랐지? 몰래카메라야　72

2장 • 이제는 바꿔야 할 낡은 말들

정상 가족이 만들어낸 결손 가족   82

'부모'라는 단어가 꼭 필요한가요?   88

장애우가 아니라 장애인입니다   96

'처녀'는 왜 '처음'의 수식어가 되었을까?   104

대한민국은 정말 단일민족일까?   112

저출산 시대라는 말에 숨어 있는 음모   120

강릉인데 '서울에 올라간다'고?   128

성적 수치심을 느꼈냐고 물으신다면   135

3장 • 이제는 불편하고 불쾌한 칭찬들

지잡대생 치고 좋은 데 가셨네요   146

남자답지 않게 참 섬세하시네요   154

사투리 쓰는 거 정말 귀엽지 않아요?   162

사회복지사요? 좋은 일 하시네요   172

이제 한국 사람 다 되었네요   182

얼굴은 동양적인데 몸매는 서구적이네요   187

4장 • 이제는 바꿔야 할 생각들

노키즈존 카페를 찾고 있다면 198

성평등은 좋고, 페미니즘은 싫고 206

흑인 인어공주는 왜 낯설까? 217

장애인 시위를 왜 아침에 하냐고? 228

온라인 수업이 미래 교육일까? 238

나가는 글 • 아직은 모르는 게 힘이다 248

1장

이제는 유행이 된 차별의 말들

헬린이를
특가에 모십니다

왜 초보자를 어린이에 비유하나요?

아스팔트 위의 지렁이가 말라 죽을 만큼 무더운 계절이 되면 사람들은 땡볕에서 살아남기 위해 하나둘 옷 가죽을 벗어 던진다. 이때쯤 길거리에는 새로 생긴 헬스장 홍보 전단지가 많이 보인다. 그중에 올해는 이 문구가 눈에 들어왔다.

헬린이를 위한 오픈 특가 행사! PT 회당 3만 원!

이곳이 어린이 전용 헬스장은 아닐 테니, 여기서 말하는 '헬린이'는 이제 막 운동을 시작한 사람을 지칭하는 말일 것이다. 무언가 처음 시작하는 초보자를 일컬을 때, '-린이'를 접미사로 사용하는 언어유희가 유행하면서 2022년 상반기 기준 '#헬린이' 해시태그는 인스타그램에서 394만 번이 쓰였고 이 단어 외에도 주린이(주식 초보자), 캠린이(캠핑 초보자), 부린이(부동산 초보자), 골린이(골프 초보자) 등으로 꾸준히 언급되고 있다. 인터넷에서 시작된 이 표현은 SNS를 넘어 거리와 매체를 점령 중이다.

아이들을 위한 교육 프로그램을 제공하는 EBS 방송에

서도 헬스트레이너와 함께 운동하는 초보자를 '헬린이'라고 표현했으며, SBS 방송에서도 '헬린이를 위한', '눈 뜬 헬린이' 등의 자막을 자연스럽게 사용했다. 이런 말들, 이상하다고 생각한 적 없는가? 어쩌다 이 어른들은 어린이가 돼버린 걸까? 과연 어른들은 어린이를 어떻게 바라보고 있는가?

초딩 입맛과 어른 입맛이 따로 있나요?

"햄 좋아하세요? 초딩 입맛이시네요."

식당에서 함께 밥을 먹던 이가 내게 말했다. 식탁 위에 있는 콩자반, 오이소박이, 비름나물을 지나치고 달걀을 묻혀 구운 분홍 소시지만 쏙쏙 집어 먹는 내 모습을 보며 장난스럽게 건넨 말이었다.

"나물에는 손도 안 대시길래요."

'초딩 입맛'이란 단어를 밥알과 함께 씹으며 곰곰이 생각해봤다. 진짜 초딩 시절의 나의 입맛은 어떠했을까? 유년기 나의 밥도둑은 물에 씻은 신김치였다. 어디 대충 몇 개월 묵혀둔 정도가 아니라 최소 일이 년을 냉장고 안에서 무소식이 희소식이 될 만큼 푹 익혀야 내 입맛에 맞았다. 그만큼 충분히 익은 묵은지 한 포기를 꺼내다가 찬물에 착착 씻어 맨손으로 배춧잎의 머리꼭지부터 찢어 밥에 둘둘 감싸 먹으면 그만한 진미가 없었다. 어디 그뿐인가. 벌겋고 칼칼한 선짓국, 얼큰하고 물컹한 알탕, 이런 맛들이 초등학생 시절 나를 기른 입맛이었다.

그러다 달고 짠 맛을 찾기 시작한 게 최근이다. 그러나 내게 초딩 입맛이라고 한 이들은 이런 사실과 상관없이 그들만의 가상의 입맛 피라미드가 있고, 그 꼭대기에 취나물, 장아찌, 오이냉국이 있으며 피라미드의 중층부에는 육고기가, 최말단에 옛날 소시지, 치킨 너깃 같은 음식이 있나 보다. 그렇지 않고서야 피라미드 최말단에 머물러 있는 나의 입맛을 보고 '미숙하다'는 뉘앙스로 '초딩'이란 수식어를 붙여가며 아무렇지 않게 후려칠 수가 없다. 괜스레 어린이(였던 것)를 대표하여 반기를 들어본다. 입맛 따위에 우열은 없을뿐더러 초등학생은 미숙하지 않다. 내가 '초딩' 때 얼마나 '완전한' 입맛을 가졌는지도 모르면서 그런 말을 하기는! 나는 밥상머리 혁명을 속으로 꿈꾸며 입만 괜히 부루퉁해져선 관심에도 없는 콩자반을 몇 번 휘적거렸다.

책 『거리의 언어학』에서 사회언어학자 김하수는 언어에 대해 이렇게 말한다.

> "언어는 무척 복잡한 구조를 가지고 있다. 그러한 구조가 형성되기까지 수많은 사람들의 지적이며 문화적이고 심리적인 활동이 그 안에 담겨 들어갔다. 지적인 요소만이 아니라 더 복잡하고 은밀한 기능을 가진 감정적 요소까지 헤아린다면 언어는 인간의 다양한 인식과 감각, 믿음과 정서 등이 겹겹이 쌓인 문화적이고 사회적인 복합체이다."[1]

즉 우리가 갓 무언가를 시작한 어리숙한 어른을 데려

1   김하수, 『거리의 언어학』 한뼘책방, 2020, 17p

다 '어린이'에 비유하는 행위는 은연중에 '어른은 항시 성숙하고, 어린이란 그와 반대로 덜 자란 어른에 불과하다'는 고정관념에서 벗어나지 못했다는 사실을 보여준다. 사회 모두가 어린이는 존중받아야 한다고 외치더라도, 실제로 우리가 뱉는 언어는 그럴 생각이 없는 것이다.

이러한 고정관념은 어린이를 칭찬할 때도 드러난다. 남들보다 의젓하고 사고의 폭이 깊은 어린이에게 '애어른'이라는 칭호를 달아주거나 "참 어른스럽다"라고 말하는가 하면, 품성이 바른 어린이를 격려할 때 아무렇지 않게 "이대로 크면 훌륭한 어른이 되겠네"라고 말한다. 그저 "생각이 깊고 참 훌륭하구나"라고 말해주면 될 것을.

어른도 어린이도 미숙할 수 있다

분명 우리의 유년은 미완성이 아니었다. 풍부한 감정, 새로운 시각으로 세상을 배워가며 어떤 일은 능숙하게, 또 어떤 일에는 미숙하기도 한, 어른과 다를 바 없는 사람이었다. 우주처럼 풍부한 어린이라는 존재를 단순히 작고, 귀엽고, 미숙한 존재로 대상화할수록 고독해지는 자는 어른이다. 반대 선상에 놓인 이들을 두어다 한쪽은 미숙하고 한쪽은 성숙하다 일컬으니, 과거보다 완성된 사람이 되어야 한다는 어른의 부담감만 늘어날 뿐이다.

대단한 무언가라도 이루어야 할 것 같아 괜히 움츠러들게 된 어른들이 '-린이'라는 말을 사용하게 된 이유는 부담 없이 도전하고 싶고, 미숙해도 귀여워 보였으면 하는 마음에서 비롯되었을지도 모른다. 그렇다면 더더욱 이렇게 말하고 싶다.

어른이여, 당신의 어리숙함이 아기자기해 보이기 위해 더는 '어린이'를 이용하지 않아도 된다. 그러지 않아도 무언가 해내려는 그대란 어른은, 그 자체로 충분히 멋지고 귀여우니까.

저런 급식충이 커서
틀딱 되는 거야

혐오의 유행, 정말 괜찮을까요?

미워하는 사람에게 어떻게 고통을 줄 수 있을까? 그 사람의 일거일동을 감시하며 충격적인 실언을 소문으로 퍼뜨리거나, 별로 건질 게 없으면 사실 여부와 관계없이 헛소문이라도 지어내기? 하지만 앞의 수고로운 방법 말고도 더 쉽게, 미워하는 상대 존재 자체를 뭉개버리는 방법이 있다.

가난하든 부자든, 남자든 여자든 혹은 그 무엇도 아니든, 그가 못됐든 착하든 상관없다. 그의 특징을 나타낼 수 있는 일반 명사 뒤에 벌레를 뜻하는 접미사 '충(蟲)'을 붙이면 누구나 쉽게 혐오의 대상으로 만들 수 있다. '설명충', '진지충', '컨셉충'이 그러하다. 만일 정말 아무런 특징이 없다면 상대가 속한 집단을 나타내는 명사 뒤에 '충'을 붙여도 좋다. '급식충', '학식충', '맘충', '틀니충'이 그러하다. 어디 그뿐인가? 누군가의 삶을 시기별로 한순간도 빠짐없이 혐오할 수도 있다. 혐오의 세상에서 한 인간의 탄생은 '잼민이'를 거쳐 '꼰대'로 살다 '틀딱'이란 소리를 들으며 막을 내린다. 이만큼이나 혐오가 쉽다.

상대방을 혐오하는 이런 표현들을 내뱉고 나면 순간적으로는 속이 시원하고 재미있을지도 모른다. 그러나 이 표현들은 아이러니하게도 말을 뱉은 본인에게도 상처를 준다. 세상에 태어나 어린이를 거쳐 청년을 지나 노년이 되지 않는 자는 없기 때문이다. 언젠가는 자신 역시 혐오의 대상이 될 수 있다는 걸 알면서도 우리는 자신의 과거와 현재, 미래를 혐오한다. 단지, 지금 당장 상대를 이겨 먹고 싶고, 멸시하고 싶으며, 이해되지 않는다는 이유만으로 말이다. 타자를 향한 가해의 언어가 곧 자신을 향한 자학의 언어가 될 거라는 걸 알면서도 의식 없이 되풀이한다. 마치 생각 없이 따라부르게 되는 유행가처럼.

나는 온라인과 오프라인 사이에 둘을 구분하는 보이지 않는 댐이 있다고 본다. 이 댐은 온라인의 토사가 반대쪽으로 유출되는 걸 막으며, 특정 표현을 가두고 수위를 조절하는 일을 한다. 둘 사이를 가르는 댐의 정체는 대중의 의식이다. 그 고저에 따라 댐의 높이는 낮아지거나, 높아질

수 있다. 댐이 제 기능을 수행하지 못하면 온라인의 구정물이 오프라인으로 범람한다. 혐오의 시작은 사실 사소하다. 대개는 익명의 토론장에서 누군가 겪은 불만이 다음과 같이 톡, 터져 나올 뿐이다.

"요즘 잼민이(or 아줌마 or 노인)들 왜 그러는 거야? 어른보다 화장도 진하게 해서는, 길거리에서 영상 찍는다고 꼴값 떠는데 완전 오글거리고 보기 싫음 (or 별거 아닌 농담에 진지하게 화내더라 or 관심받고 싶은지 말이 안 되는 컨셉을 잡더라). 도대체 이해가 안 되네. 너네도 본 적 있지? 나만 그런 거냐?"

누군가 특정 경험을 말한다. 그러자 비슷한 경험을 한 여러 사람이 '나도 그런 일을 겪었다'라며 분노의 증인이 되어준다. 어느 순간부터 이 증인이 하나둘 늘어나고 그걸 구경하는 관람객까지 등장하면, 그때부터는 이 경험이 사실인지 아닌지는 별로 중요하지 않다. 그저 같은 감정을 퍼나르는 일에 사력을 쏟는다. 그 감정은 주로 분노에 기반을 두지만, 유행이 되기 위해서는 다른 하나가 더 필요하다. 바로 '재미'이다. 분노한 이들과 이 유희가 즐거운 다수의 관람객이 더 많은 사람이 보도록 내용을 공유하고, 관람객이 기하급수적으로 늘어나면 온라인에서 하나의 '유행'이 된다.

혐오의 유행이 온라인에서 시작하기 쉬운 이유는 온라인이 가진 익명성이 인간을 무책임하게 만들기 때문이다. 자신이 내뱉는 말이 가져올 결과를 어느 하나도 책임지지 않는 '표현의 방종' 속에서, 서로의 얼굴이 보이지 않는다는 이유만으로 '권유'할 수 있는 말도 무작정 '강요' 하게 되고, 정당하게 비판할 수 있는 말도 막무가내로 비난하게 된다.

그리하여 온라인에 갇혀 있어야 할 혐오 표현이 한 방울이라도 오프라인으로 흘러넘치면, 그 한 방울이 오프라인까지 탁해지게 만든다. 정말 적은 양이라면 현실의 자정작용으로 다시 맑아질 수 있겠지만, 한 방울이 두 방울이 되고, 그 양이 많아질수록 자정에는 기나긴 시간과 많은 이의 노력이 요구된다. 그러나 흘러가는 유행의 물결에 의

식 없이 몸을 맡기는 이가 하나둘 늘어날수록, 혐오는 농
담이나 일상어로 자리 잡아 당연해지면서 자정의 의지도
함께 흐릿해진다. 처음에는 '이런 말은 하면 안 되지만~'으
로 조심스럽게 운을 떼다가, 어느샌가부터는 일말의 부
끄러움도 없이 입만 열면 '그러니까 틀딱들이 문제라니
까'라는 말이 튀어나올 만큼, 자주 사용하는 용어가 되는
것이다.

유행은 힘을 잃으면 아무것도 아니다

유행은 대중이 똑같이 사고하도록 만드는 파괴력을 지
녔으나, 지나간 유행은 무력하며 유치하게만 느껴진다. 옛
날에 유행했던 아무리 우스꽝스러운 옷차림도, 이해 안 되
는 이상한 헤어스타일도 그때는 멋져 보였지만, 지금은 아
니지 않은가. 혐오의 유행도 마찬가지라고 생각한다. 힘을
잃으면 아무것도 아니다. 유행이 힘을 잃는 법은 간단하다.
첫째, 더는 쓰지 않는 것. 둘째, 더 강한 유행으로 덮어버리

는 것. 예를 들어 같은 단어라도 아예 의미를 바꿔버릴 수 있다. 유튜브 채널 〈문명특급〉의 영상에서 이런 자막을 본적 있다.

"저 맞아요. 지독한 컨셉 '충(忠)'이에요."

이들은 우리가 아는 바와 다르게 이미 입에 붙어버린 '충'이라는 글자를 '충성하다'는 의미로 바꿔 소개함으로써 이전 혐오의 표현을 지워내려고 시도했다. 다수에게 노출되는 미디어가 먼저, 대중에게 권장 용어를 제시하면서 혐오의 단어를 바꾸자는 메시지를 던진 것이다. 파급력이 큰 콘텐츠에서 대중에게 울림을 주는 유의미한 시도였다고 생각한다.

배제와 학살, 낙인과 차별로 얼룩진 혐오의 역사는 항상 어느 시기에나 존재했다. 혐오는 오랫동안 세상을 칠흑같이 뒤덮으며, '노력해도 바뀌는 건 없다'라고 말해왔지만 우리는 꿈에서 깨는 법을 이미 알고 있다. 새벽을 불러 아침이 오게 하면 된다. 정신이 깨어 있을 때 악몽을 꾸는 자는 없다. 하나둘 모두의 의식이 깨어나기 시작하면 분명 밝은 아침은 온다. 밤이 길다고 하여 아침이 없는 것이 아니므로.

대학 못 가면
인간도 아니지

학벌에 편견을 가진 자가 범인

"쌤은 왜 이런 꼴통 학교에 왔어요?"

새 학기 첫 수업 시간, 내 소개와 교과에 대한 설명이 끝나자마자 한 학생이 손을 번쩍 들고 저런 말을 했다. 놀랍게도 처음 듣는 말은 아니었다. 특성화 고등학교에서 교사로 근무하면서 꽤 자주 듣는 소리였다. 대외적으로 입학생의 중학교 성적 평균에 따라 학교 순위를 매기는데, 그 성적이 거의 바닥에 가깝기 때문일까? 학생들뿐 아니라 직장 동료 몇 명도 물었다.

"서울에서 일하다가 왜 이런 학교에 온 거예요?"

마치 '이런 학교'에 온 데에는 어떤 말 못할 사연이라도 있어야 한다는 물음이었다. 그때마다 나는 딱히 별 대꾸하지 않았다. 그러면 상대는 혼자만의 상상을 끝내고 온화한 얼굴로 "그래도 아랫지방이 서울보다 여유로워 좋아요. 그죠?"라며 나를 위로했다. 더불어 옆을 지나가는 애먼 학생에게 "인마! 대학 못 가면 평생 패배자로 사는겨! 빨리 가서 공부해!"라고 호통치는 일도 겸사겸사.

그리하여 학생들이 내게 이런 질문을 할 때마다 나는 하던 수업을 멈추고 준비해둔 답을 말한다. 답이라기보단 질문에 가깝지만.

"왜 여러분이 꼴통이라고 생각합니까?"

공부를 못하니까 꼴통이죠

이들이 자신을 꼴통이라 생각하는 첫 번째 이유는 이렇다. 자신들은 공부를 못한다. 공부를 못해서 이 학교에 왔고, 그래서 망했다. 나는 명확하게 용어를 정리하기 위해 학생들에게 되물었다.

"공부가 뭡니까?"

"공부가 뭐긴 뭐예요. 국어, 영어, 수학 그런 거요."

그 대답을 듣고 나는 이렇게 답한다.

"그렇다면 학생이 망한 건 성적이지 공부는 아닐 수도 있겠네요."

'공부'의 정의를 떠올릴 때, 우리는 시기별로 비슷한 생각을 한다. 10대에는 입시, 20대에는 스펙 쌓기, 그 이후에는 업무에 관련된 자기 계발 등. 물론 이런 것이 '공부'가 아닌 건 아니지만, 이런 것만이 '공부'가 되는 건 조금 실례다. 성적으로 환원되지 않을 뿐이지, 삶에는 그 외에도 공부할 수 있는 '배움'들이 많다. 정답이 급한 이들은 정답이 있는 공부만을 하겠지만, 공부가 반드시 문제집 안에서만 이뤄지는 건 아니다. 어떤 배움은 몰래 훔쳐보고 베껴 쓸 답안지 같은 게 없다. 설마 다수가 인정한 공식 풀이가 있다 하더라도 의심 없이 그대로 따르는 게 어떤 의미가 있겠는가. 그저 베끼기만 하는 삶은 배움의 희열을 가져다주지 못한다. 성적과 하등 상관없는 지식을 탐구하며 오롯이 나의 평가만이 척도가 되는, 훌륭한 답을 내렸을 때의 희열을 말이다.

하지만 등수를 매기기 위한 공부의 양에 질색한 이들은 굳이 성적이 나오지 않는 공부까지 할 여유가 없다. 그리하여 입시와 무관한 지식에 고요히 사색할 시간이 부족하며, 배움에 질려버린 이들은 내가 모르는 다른 지식을 찍어 먹어볼 생각조차 하지 않는다. 그렇게 학생의 본분이 성적이라 믿으면서 학생 때 접한 수학의 학문적 의미를 찾지 못하고 사회로 나와 수학이 먹고사는 데 하등 쓸모없다고 말한다. 수학이 쓸모없는 학문이 아니라, 수학 성적만을 위한 공부가 쓸모없었을 뿐인데 말이다.

그러한 공부는 배움을 찾기보다 성적을 찾는 과정에 가깝다. 그렇기 때문에 나보다 더 좋은 성적을 찾은 자를 도끼눈으로 째려보고 성적 평가 방법이 공정한지 눈을 부릅뜨고 집착한다. 성적을 위한 공부는 나의 평가보다 남의 평가가 중요하다. 그 평가가 계층 이동의 기회로 직결되는 사회구조의 탓이 크다. 그런 사회를 만든 어른들은 성적 하나에 아주 많은 미래가 정해지니까 죽기 살기로 하라며 학생들을 협박한다. 그러니 공부 자체가 계층 상승, 혹은 유지를 위한 노동같이 느껴질 수밖에 없지 않은가. 표준근로 시간을 훨씬 넘는 시간 동안 학교에 있어도 계속 야근을 요구하는 상사, 지금의 사회가 학생을 바라보는 눈이 딱 그렇지 않은가.

학생들이 자신을 꼴통이라 생각하는 두 번째 이유는 이랬다. 대학을 가야 성공하는데 자신은 여기서도 성적이 개판이라 대학도 못 갈 거 같다. 그래서 망했다. 그 말에 나는 물었다.

"왜 대학을 가야 성공합니까?"

"고졸은 양아치 같대요."

'양아치' 소리에 놀라 인상을 잔뜩 구기고 물었다. "누가?" 학생이 담담히 말했다.

"엄마, 아빠가요."

학생들과 상담을 하다 보면 주로 연인과의 문제, 친구와 다툰 일 등 다양한 고민을 듣게 된다. 그중에서 가장 많은 고민은 진학 문제이다. 어떤 뚜렷한 목표로 진학을 희망하는 아이들도 있지만 대부분 보호자의 입김이 들어간다. 중학교 때의 성적이 좋지 못해 특성화고를 온 아이들의 보호자 중 몇몇은 제 자식을 부끄러워했다. 어떤 아버지는 인문계를 못 갔다는 이유 하나로 아들과 말조차 안 하고, 어떤 어머니는 자기 딸이 '그런 학교'를 갈 애가 아닌데 내신 때문에 어쩔 수 없이 갔다고 말했다. 다들 아직 시작하지도 않은 이들에게 미리 실패자란 낙인을 찍기 바쁘다. 그 말에 덧붙여 너에게 '대학'은 마지막 기회라고, 이것마저 실패하면 어마어마한 나락이 기다릴 거란 위협까지 한다.

진학하지 못해 떨어질 나락의 구렁텅이는 이런 어른들이 파고 있다. 열심히 나의 무덤을 삽질하는 어른들 앞에서 당연히, 한 명 빼고 모두는 성적통지표를 숨기고 싶어질 것 아닌가. 한 반에 1등은 한 명이고 학생은 18명이니 말이다. 그렇게 성적표를 숨기던 아이들은 어른이 되어서도 자신의 위치를 부끄러워한다. 죄지은 일이 없음에도 측은하게 얼굴을 붉힌다. 나는 이들이 조금이라도 덜 위축되길 바라는 마음으로 진실을 말했다.

"여러분, 대학 가도 양아치는 많습니다. 그건 학력으로 해결되는 문제가 아니에요. 엄마, 아빠가 틀린 겁니다."

자신들이 꼴통인 세 번째 이유. 선생님 말이 다 맞다 하더라도 다른 사람은 안 그러더라, 그래서 망했다. 이런 얘기를 들을 때면 마이클 샌델의 책, 『공정하다는 착각』[2]의 이 문구가 생각난다.

누구도 가난이나 편견 때문에 출세할 기회를 빼앗겨서는 안 된다. 그러나 좋은 사회는 '탈출할 수 있다'는 약속만으로 이루어지지 않는다. 사회적 상승에만 집중하는 것은 민주주의가 요구하는 사회적 연대와 시민의식의 강화에 거의 기여하지 않는다. 심지어 우리보다 사회적 상승에 보다 성공적인 나라라도 상승에 실패한 사람들이 자신의 자리에서 만족할 수 있도록, 그리고 스스로를 공동체 구성원

---

2   마이클 샌델, 『공정하다는 착각』 와이즈베리, 2020, 348p

으로 여길 수 있도록 할 방법을 찾아야 한다.

누구나 열등함에서 벗어나려고 안달복달인 사회에
는 분명 이유가 있다. 2021년 통계청의 사회조사에 따르
면 세대 내 사회이동 가능성이 높다고 생각하는 비율은 단
25.5%에 그쳤다. 즉 4명 중 3명이 내 생에 계층상승은 어렵
다고 생각하는 것이다. 그럼에도 더 많은 이가 열심히 살
기 위해 고군분투하는 것은, 현실에서 벗어나기 어렵지만
결국 그렇게 '해야만 한다'고 생각하기 때문이 아닐까. 해
야만 무시당하지 않고, 해야만 실패자가 되지 않고, 그래야
망하지 않는다는 생각. 지금 사회에는 하지 못한 이를 품어
주는 관용이 없다. 성공이 '노력'만으로 되는 일이 아니라
는 걸 모두 어렴풋이 알고 있지만, 대부분은 누군가의 가
난을 치열하지 않았기 때문이라며 개인의 탓으로 돌린다.
한국에서 인정받는 재능을 우연히 타고난 행운, 공부에만
집중할 수 있었던 가정환경, 노 젓자마자 물이 들어온 타
이밍 등은 차치해야 '노력'으로 쌓아 올린 나의 공든 탑이
더 높고 멋져 보이니까.

노력한 이들의 성과를 무시할 의도는 없다. 그러나 99%를 노력해도 1%의 영감이 찾아오는 건 운이라는 말을 하고 싶다. 비극적이지만 누군가에게는 1%가 찾아오지 않을 수도 있으므로, 그만큼의 작은 차이로 어떤 이가 꼴통이라 불릴 이유는 전혀 없다. 그러니 부디 단 1% 차이로 사회를 계급으로 나눠 나보다 더 낮은 이를 찾아 위안 삼지도 말고, 그런 사람들에게 상처받지도 말라고 나의 학생들에게 말했다. 그리하여 나도 이런 사회에 어느 정도 책임이 있는 사람처럼 괜히 학생들의 시선을 외면하며, 사회 분위기가 이렇게 된 게 비단 내 탓만은 아니지만 어쨌든 어른으로서 미안하다고 주절주절 이야기를 늘어놓다 보니 갑자기 점심시간 예비 종이 치는 게 아닌가? 그리고 나의 수업도 종 쳤다. 씨익 웃으며 이미 책상에서 몸을 반쯤 뺀 아이들을 보니 그때야 깨달았다. 당했구나. 역시 이놈들은, 꼴통이 아니다.

할 거 없으면
노가다나 뛰려고요

어느 하나 쉬운 일은 없습니다

10대 아이들과 진로 상담을 하다 보면 고작 열일곱, 열여덟짜리 학생에게 네 인생 남은 8할 동안 무엇을 하고 살 건지 물어봐야 한다. 아무래도 꽤 폭력적인 일이다. 현재 3할을 겨우 살아내고 있는 나도 4할의 나는 예측할 수 없는데 말이다. 심지어 생활기록부에 기재하려면 장황하게 말고 다 아는 한 단어로 표현해야 하니 더욱 골이 아프다. 나와 상담하는 대부분은 하고 싶은 게 확고한 학생보다 그렇지 않은 학생이 더 많았다. 그중 몇몇은 상담을 시작하면 이미 어른들의 질문 공세에 완전히 질렸다는 표정으로 이렇게 대응한다.

"할 거 없으면 노가다나 뛰려고요."

이런 말을 하는 학생 중, 다른 이의 터전을 만드는 건설 노동 현장에 건실한 마음으로 임하겠다는 학생은 하나도 없었다. 그저 진로 탐색 중인 아이들 사이에서 농담처럼 하는 말이다. 자매품으로 "원양어선이나 타자"이나 "폰팔이나 하자"라는 말이 있다. 이들은 일부 노동을 할 거 없는 자의 마지막 선택지로 여긴다. 그러다 보니 노동과 직결된 직업을 보는 시선 또한 다음과 같다.

"직업의 귀천이 없으면 좋겠지만, 사실 있을 수밖에 없잖아요? 노력한 정도가 다른데."

10대에는 그 '노력'이 '공부'가 된다. 공부 안 하는 학생을 보고 어른들은 흔히 누군가를 가리키며 이렇게 말한다.

"너 공부 안 하면 나중에 저렇게 된다."

'저렇게'의 손끝에 있는 사람은 결코 고학력자이거나, 돈이 많거나, 젊고 능력이 좋은 자는 아니다. 이들은 손가락질의 대상이 되기보다는 사회가 두 손으로 떠받들며 칭송하기 바쁘기 때문이다. 학력과 급여와 명예에 따라 사회적 대우를 달리하는 차별은 존재한다. 그런데 많고 많은 차별 중에서 유일하게 '직업 차별'은 공정하다는 인식이 깔려 있다. 그 이유가 뭘까? 누군가는 말한다. 10대의 노력으로 학벌을 얻고, 20대의 노력으로 직장을 얻고, 30대의 노력으로 명예를 얻었으니 당연히 그만큼의 대우를 받아야 하지 않느냐고. 이 모든 게 나의 '공정한 노력'이었으니 말이다.

대파 가격이 천정부지로 오른 때가 있었다. 한 단에 이천 원이던 세월을 뒤로하고 만 원 가까이 올라 집에서 대파를 직접 키워 먹는 사람들이 생길 정도였다. 대파는 비타민A, B, C가 모두 들어 있고 항균과 해독에도 효능이 있는데다 기침에도 좋다. 인간에게 아주 완벽히 도움이 되는 식자재인 건 확실하다.

그리고 여기, 가격이 변하지 않는 채소가 있다. 바로 콩나물이다. 그는 모든 채소가 폭등하는 시기에도 여전히 한 봉지에 2,500원을 넘어가지 않았다. 그렇다면 콩나물의 성능이 떨어지냐? 아니다. 콩나물은 비타민C와 아스파라긴산이 풍부하다. 양질의 섬유소도 포함하여 인간의 배변 활동을 돕고 장 건강에 도움이 되는 작물이다. 둘 다 아주 맛있고, 한국인의 식탁에 빠지지 않는 스테디셀러지만 대파 가격은 올라도 콩나물 가격은 오르지 않았다.

그렇다면 여기서 질문. 대파 가격이 오른 일에는 대파 본인의 '노력'이 포함되어 있는가? 두 달간 영양소 개선을 위해 다른 채소와 다르게 혹독하게 노력했기 때문에 그의 값어치가 오른 건 아니었다. 이유는 다른 곳에 있었다. 그해 겨울에는 눈이 많이 내렸다. 날씨가 좋지 않았고 그로 인해 대파 재배 면적이 줄어들었다. 예측할 수 없는 변수로 대파의 가치가 올라간 것이다. 콩나물이 대파보다 게을러서가 아니었다. 시장에는 콩나물 개인의 노력으로 어찌할 수 없는 다양한 변수가 존재했고, 가격은 시장의 수요에 맞춰질 뿐이었다. 콩나물이 더 싸다고 해서 대파보다 효능이 떨어진다고 평할 수는 없다.

누구든 시기를 잘 타고난 대파가 될 수 있고, 그렇지 않은 콩나물이 될 수 있다. 이 관계에서 인간과 다른 유일한 점은 대파는 콩나물을 멸시하지 않는다는 점이다. 간혹 직업 차별을 옹호하는 사람들은 사회에 특정 직종이 다른 직종보다 더 사회에 이바지하고 노력했기 때문에, 높은 봉급을 받아야 하며 그에 맞는 사회적 대우가 당연하다고 말한다. 그 과정에서 오히려 차별은 필연적일 수밖에 없다고.

시중의 자기계발서는 당신이 가난한 이유가 열심히 꿈
꾸거나 간절히 바라지 않았기 때문이고, 눈앞에 마시멜로
를 당장 먹어 치워버렸기 때문이며, 가난의 이유를 게으름
에 두고 '무능력'의 이유를 '무노력'이라 말한다. 하지만 꿈
을 꿔야 하는 시간에 뜬 눈으로 일을 해야 하는 이가 있고,
축적된 허기로 내일까지 마시멜로를 남겨둘 수 없는 사람
이 있으며, 스스로는 성취하였으나 시장이 나의 재능을 인
정해주지 않는 순간이 있다. 그들은 노력하였어도 여전히
'무능력'의 낙인을 받는다. 이처럼 노력과 능력이 비례하지
않는 예외가 있는데 왜 직종에 대한 차별은 정설처럼 존재
할까? 제 직업을 마패처럼 휘두르는 자는 이 모든 사태를
몰라서가 아니라 알기 때문에 이러한 사회를 방관하거나
더욱 견고하게 만든다. 세상에 노력만 한다면 기회는 공정
하다고 외쳐야 나의 사회적 위치가 돋보이고 곧, 나의 차
별이 합당해지기 때문이다.

간호조무사라는 직종을 비하하여 '조무사'를 '비전문

가'를 칭하는 말로 변질시켜 '인간 조무사', '치안 조무사' 등으로 이야기한다든가, 의사는 '선생님'이라 부르지만 경비원은 '아저씨'라 부르는 사회에서 "직업에 귀천이 없다"는 말은 영혼 없는 메아리에 불과하다. 진정으로 귀천이 없기를 바란다면 어떤 직종은 비하해도 되며, 또 다른 직종은 오만해도 된다는 생각을 버려야 한다. 부디 자신을 과시하겠다고 타인의 인격을 모독하면서까지 살지 말자. 한 명이 자만하기 위해 모두가 희생하는 사회보다는 서로의 자존감을 지켜주는 사회에서 사는 게 더 행복할 테니까. 능력에 대한 보상은 인센티브로 받고, 남이 주는 인정보단 내가 주는 자부심으로 살아간다면 누구나 귀하게 살 수 있다. 세상에 그 혹독한 겨울을 견딘 대파도 콩나물에게 아무 말도 하지 않았다.

의사는 선생님, 경비는 아저씨?
귀하게 불려야 할 직업이 따로 있나요

아, 진짜
분노조절장애 온다

장애는 그렇게 쉽게 쓰는 말이 아닙니다

정치인들은 서로 소시오패스니 분노조절장애니 떠들고, 한 인터넷 뉴스는 연예인의 아무 사진이나 가져다가 'PTSD 올 것 같은 포즈와 표정'이라는 타이틀을 붙여 기사로 낸다. 한 TV 프로그램의 출연자는 갑상선암 종류를 설명하다가 특정 병명에 대해 "역대 병 이름 중에서 제일 재밌다"라며 깔깔댔다. 실컷 웃다가 "수술까지 했는데 약 복용이라니 얼마나 불행합니까?"라며 어쭙잖은 동정까지 덧붙이면서. 이후 해당 발언들에 대해 사과했으나 병에 대한 정보를 제공하는 프로그램을 보는 이들이 실제로 그 병을 앓고 있을 수 있다는 걸 전혀 배려하지 않은 말로 누군가는 이미 마음의 상처를 받고 난 후였으리라. 일상에서는 또 어떤가. 음식 메뉴를 빨리 고르지 못한다는 이유로 '선택장애'라는 말을 듣는다. 장애를 한 번도 겪어보지 못한 자들이 서로 낄낄대며 "너 장애야?"라며 놀린다.

사실 이런 말을 하는 이들이 정말 소시오패스거나, 분노조절장애, PTSD, 암, 신체나 정신적 장애를 겪고 있을 확률은 거의 없다. 겪어보면 그런 말이 좀처럼, 재밌지 않다는 걸 알게 되기 때문이다.

초등학교 때 내 친구들은 내 동생에게 자폐가 있다는 걸 몰랐다. 내가 먼저 말할 필요가 없을뿐더러, 굳이 물어보는 사람도 없었으니까. 그런데 얼마 전부터 친해진 병희라는 친구가 나의 가족을 궁금해했다. 내가 하도 동생 데리러 가야 한다는 말을 자주 한 탓이었을까. 외동인 병희는 동생이 있다는 게 뭔지 궁금한 모양이었다. 동생은 어떻게 생겼어? 많이 친해? 너랑 닮았어? 몇 살인데? 어디 학교야? 나는 차근차근 대답하다가 마지막 질문에 멈칫, 아무 말도 못 하고 눈만 끔뻑였다. 한 해 늦게 학교를 온 묵이는 1학년, 나는 5학년이었다. 그렇다. 우리는 같은 학교에 다녔다. 나는 뜸을 들이다가 기어들어 가는 목소리로 이렇게 대답했다.

"다른 학교야. 다른 데 다녀."

사실 동생은 학교에서 꽤 알아주는 유명인이었다. 입학 첫날부터 괴성을 지르며 전 층 복도를 질주한 것은 물론이고, 수업 시간에도 종종 사라지는 건 기본이며, 얼마

전에는 전교생 앞에서 학교 연못에도 빠졌으니까. 무더운 여름 연못에 빠진 날, 그날은 끔찍했다. 하굣길에 동생을 데리러 1학년 1반 교실로 걸어가는데 갑자기 애들이 우르르 나를 치며 지나쳤다. 그러고는 이렇게 말했다.

"야! 누가 연못에 빠졌대!"

나는 제발, 그게 묵이만 아니길 빌었다. 인파를 따라 급하게 연못으로 향하면서도 생각했다. 아무나 빠져도 좋으니까 제발 묵이만 아니게 해주세요! 그러나 신자가 아닌 이에게 신은 가혹했다. 아니나 다를까 연못 탓에 빠진 주인공은 역시 묵이였다. 묵이는 연못 입구에 제 옷을 정갈하게 개어둔 채 물속에서 고개만 빼꼼, 내밀고 앉아 있었다. 달리는 내 시야에 점점 익숙한 얼굴이 들어오자 가슴이 쿵, 걸음도 턱, 멈춰 섰다. 방과 후라서 그런지 운동장에 아이들이 많아도 너무나 많았다. 그 많은 아이가 묵이를 향해 깔깔대며 웃어댔다. 다들 미쳤다고, 변태라고, 웃기다고 말하는 소리가 내 귓가에 들렸다. 듣고 싶지 않아도 얼마나 크게 웃던지 들을 수밖에 없었다. 그 모습을 보는데 엄마가 아침에 했던 말이 생각났다.

"동생 잘 챙기고 잃어버리지 말고, 같이 손 꼭 잡고 집으로 와."

나는 도저히 저 많은 인파를 헤치고 연못에서 묵이를 건져올 자신이 없었다. 연못 근처에는 내 친구들도 있었다. 사색이 된 나를 보고 친구가 웃으며 이리 오라고 손짓했다. 친구들 사이로 묵이와도 눈이 마주쳤다. 뽀얀 묵이 얼굴이 나를 알아보고 말간 미소를 지었다. 반가운 모양인지 연못의 수면이 흔들릴 정도로 몸을 들썩이고 있었다. 내가 사랑하는 사람들이 모두 나를 향해 미소 짓는데 최악인 기분은 그게 처음이었다. 나는 마른침을 삼키고 어떻게 해야할지 고민했다.

'묵이가 당장이라도 나를 향해 달려올지도 몰라. 나체로 말이야. 묵이네 선생님을 불러야 해. 이건 내가 해결할수 없어.'

아니, 해결할 수 있었다. 내가 묵이에게 손을 뻗어 건져올리기만 하면 됐다. 그래도 나는 뒤돌아섰다. 내가 뒤돌아서자마자 저 멀리서 엄마가 달려오는 모습이 보였다. 묵이네 담임 선생님 연락을 받은 게 분명했다. 엄마도 얼굴이 시뻘겠다. 뛰어와서인지 나와 같은 이유 때문인지 몰라도 빨간 얼굴의 엄마는 나를 지나쳐갔다. 그러고는 묵이를 연못에서 끌어내어 아무 말 없이 수건에 돌돌 말아 안아 든 채 곧장 집으로 향했다. 내가 잡아야 했던 손을 잡고 가는 엄마를 뒤로하고, 나는 한동안 묵이가 사라진 연못 앞에 서서 생각했다. 절대 말하지 말아야지. 묵이가 내 동생이라는 걸, 절대로, 말하지 말아야지. 묵이에게 떨어져 나간 물자욱이 모랫바닥에서 다 마를 때까지, 나는 운동장에 서서 집에 갈 줄을 몰랐다.

나는 그 후로도 몇 번이고 그날이 꿈에 나왔다. 꿈에서는 아예 나도 거기 같이 들어가 있었다. 꿈속에서 얼굴 없는 아이들이 나를 향해 욕했다. 변태라느니, 애자라느니. 우스운지 배를 잡고 뒹구는 애도 있었다. 내 옆에 앉은 묵이는 그때와 같은 얼굴로 시원한 물이 좋아 웃는데, 다 알아듣는 나만, 나만 웃을 수가 없었다.

그러다가 얼마 후 영화 〈말아톤〉이 개봉했다. 영화 내내 나오는 초원이는, 우리 집 동생 묵이랑 비슷했다. 내 옆자리에 앉아 영화를 보는 엄마의 마음이 먹먹해 보였다. 나는 엄마를 꼬옥 안아줬다. 영화관을 나오는 사람들도 재미있었다고, 좋았다고 말했다. 짠하고, 따뜻한 그런 영화였다고 말했다. 나는 생각했다. 그래도 누군가 묵이를, 그리고 우리를 조금이나마 이해할 수 있겠구나. 영화는 내게 큰 용기를 줬다. 그래서 그날 자기 전에 친구들에게 내 동생에 대해 말해줘야겠다고 결심을 했다.

"사실 걔는 매일 연못에 들어가진 않아, 변태도 아니고, 너네 생각보다 그렇게 이상한 애도 아니야. 초원이가 얼룩말을 좋아하는 것처럼, 사실 물을 좋아해서 생긴 사고야. 여태 말 못 했지만, 그때 연못에 빠진 걔는 내가 사랑하는 가족이야. 너네가 다 웃고만 있어서 속상했어. 진짜 많이 속상했어."

내일 친구들 앞에서 할 말을 연습하다가 잠들었다. 그날은 아무 꿈도 꾸지 않았다.

다음 날 학교를 가서 친구들과 이야기를 하는데, 다행히 그 영화를 본 아이들이 많았다. 너도나도 재밌었다고 하는 와중에, 내게 동생에 대해 물어봤던 병희가 외쳤다.

"초원이 다리는 백만 불짜리 다리!"

병희는 초원이 흉내를 내며 얼굴을 찌푸리고, 코 먹는 소리를 냈다. 손을 막 허공에 휘휘 저으며 계속, 그 대사를 반복했다. 그러자 애들이 병희를 보고 박장대소를 했다. "야, 너 똑같이 따라 한다", "개웃기다", "진짜 바보 같다"라고 말하며 다들 행복하게 웃었다. 나는 잠시 어쩔 줄을 몰라 하다가 주변을 보고 눈치껏 같이 웃었다. 왜 웃긴지 모르고 싶었는데, 너무 잘 알고 있었다. 애들은 이게 남 일인 거다. 나는 이게 일상인데, 얘네는 한 번 웃고 말아도 되는 남 일인 거야.

역시나 그 대사는 유행어가 됐다. 개그맨들도 자주 초원이를 따라 해댔다. 슬 유행이 지나는가 싶었는데, 그다음 해에는 영화 〈맨발의 기봉이〉가 나왔다. 사람들은 그걸 또 따라 했다. 따라 하고 웃고, 서로를 비난하는 데 이용했다. 그래서 나는 졸업할 때까지 아무에게도 내 동생에 대해 이야기하거나, 그런 놀림들에 기분이 나쁜 티를 내거나 하지 않았다. 그때의 나는 내 동생을 연못에서 건져오지 못했다.

그렇다고 같이 들어갈 용기도 없었다. 매번, 뒤돌아 도망치는 게 다였다. 그런 말에 웃지 않으며, 인정하고 동생을 건져오는 데는 꽤 오랜 시간이 걸렸다. 절대 쉽지 않았다.

그래서 나는 아직도 생각한다. 내가 재밌자고 하는 말 하나에 연못 속에 누군가를 떠밀거나, 연못에 빠진 누군가를 버리고 도망치게 하거나, 억지로 따라 웃게 할 수 있다고. 누군가 한 명이라도 억지로 웃는 건 하나도, 재밌지 않다고.

당신의 개그가 날 울리네요

이 카페 완전
소녀감성이다

소녀의 세계는 다양하다

소녀 시절, 나는 사시사철 체육복에 팔자걸음으로 교정을 누볐다. 이놈의 팔자걸음은 아버지와 똑 빼닮았는데 아버지는 날 볼 때마다 내 허리디스크를 걱정하기보다 "가시나가 그래 걸으면 우짜냐. 머스마도 아니고"라며 나의 여성성을 걱정했다. 그 시기쯤 나는 걸음걸이뿐 아니라 신체 특징도 털북숭이인 아빠를 닮아갔다. 다리털은 굵직해지고 겨드랑이는 울창해졌다. 변성기도 남달랐다. 학교에서 배운 바로 대부분 여자는 변성기를 겪으며 목소리 톤이 높아진다던데 나는 여전히 굵고 낮은 동굴 목소리 그대로였다. 심지어 더 굵어졌다. 억지로 높여볼 순 있다만 목이 불편했다. 그리고 나는 움직이기 불편한 짧은 교복 치마보단 아무렇게나 입고 뒹굴어도 되는 체육복을 좋아했다. 파스텔톤보다 무채색을 선호했으며 피부의 톤 업을 위해 새로 나온 화장품을 서치하기보다 캐릭터의 레벨 업을 위해 공략집을 서치하는 쪽이었다. 그런 나를 볼 때마다 주변은 내게 이렇게 말했다.

"너는 참 소녀다운 취향이 없구나?"

어떠한 단어는 별다른 명령 없이도 행동을 제약할 수

있다. 대개 인간을 분류하기 위한 말이 그렇다. 여자와 남자, 소녀와 소년, 학생과 어른 등 그저 놔두면 한 사람의 특징을 나타낼 뿐이지만, 그 뒤에 자격이 있음을 뜻하는 접미사 '-답다'가 붙으면 말 한마디로 타인의 행동을 어느 정도 강제할 힘이 생긴다. 예를 들어 '여자답지 않은 여자'란 소리를 들으면 스스로 여자라 믿고 있어도 사회가 공감하는 여자에 해당하지 않기에, 전자의 여자가 되기 위해 자신의 행동을 되돌아보며 검열하게 된다. 검열을 마친 여자는 여자가 되거나 여자로 남는다. 전자는 여자에서 벗어나지 않기 위해 자신의 취향을 버리고 외형을 바꾸고 행동을 교정한다. 후자는 자신의 정체성을 유지하겠지만 사회적 인정은 포기해야 한다. 이 둘은 서로를 이해하지 못해 상대를 비난하거나 동정하기도 한다. 이렇듯 여자다운 여자와 여자답지 않은 여자를 분류하는 과정에서 어찌 됐든, 상처는 여자가 받는다.

상처받았던 여자 중 하나인 나는 이렇게 생각해본다. 애초에 남자 또는 여자만이 가지고 있는 특징이 있을까? 사회가 요구하는 남자와 여자의 역할, 성격 중에 오롯이

한 성별만 가진 특징은 없다. 5000만 부 이상 팔린 베스트셀러 『화성에서 온 남자 금성에서 온 여자』가 유행할 때만 해도 사람들은 남자와 여자는 뇌 구조부터 다르다고 생각했다. 책에서 "남자는 성취 지향적이며 여자는 관계 지향적이다. 남자는 문제가 생겼을 때 동굴로 들어가고 여자는 이야기를 시도한다"라며 남자와 여자의 뚜렷한 차이를 언급했다.

이러한 이분법이 정답이 되려면 남자와 여자가 서로 완전히 반대이면서 동시에 어떠한 예외도 있으면 안 된다. 하지만 지금 세상에는 성취 지향적인 여자가 난제에 부딪혔을 때 동굴에 들어가면 관계 지향적인 남자가 그 여자를 향해 꾸준히 대화를 시도하는 경우도 있다. 성격뿐 아니라 외형도 둘을 칼로 베듯 나누는 특징이 되진 못한다. 이 부분은 케이트 본스타인이 지은 『젠더 무법자』라는 책의 일부를 인용하여 대답하겠다.

사람을 남자로 만드는 게 무엇인가? 테스토스테론인가? 사람을 여자로 만드는 건 또 무엇인가? 에스트로겐인가? 그렇다면, 젠더는 어느 약국 진열대에서나 구매할 수 있다. 하지만 우리는 "남성"호르몬과 "여성"호르몬이라고 불리는 것들이 있다고 배웠다. 그리고 테스토스테론은 종을 막론하고 남자의 성호르몬 밸런스를 지배한다고도 배웠다. 그러나 실제로는 그렇지 않다. 한 예로 암컷 하이에나는 본래 수컷보다 테스토스테론 수치가 높다. 하이에나 암컷의 음핵은 아주 긴 페니스처럼 생겼다. 하이에나 암컷은 수컷을 뒤에서 올라탄 다음 교미를 한다. 내가 아는 어떤 인간 여자들도 암컷 하이에나와 비슷한 방식으로 행동한다. 어쨌든 하이에나의 경우만 해도 젠더의 보편적인 열쇠는 호르몬이 아니라는 걸 보여준다.[3]

이렇게 인간의 역할을 성별이란 기준으로 억지로 나누

---

3 케이트 본스타인, 『젠더 무법자』 바다출판사, 2015, 99p

다 보니 맞지 않는 부분이 생긴다. 그럴 때면 이 사회적 기준을 한번 의심해볼 만도 한데 토의를 통해 기준을 바꾸기보단, 이미 있는 기준에 개인이 맞추기를 요구한다. 정작 강요하는 이들도 신던 신발이 작아졌을 때 신발이 맞지 않는다고 발을 자르지는 않았을 텐데 말이다. 신발이 불편하면 신발을 버리는 게 맞다.

우리가 당연히 여겼던 다양한 기준에 물음표를 던질 필요가 있다. 자연의 섭리는 인간을 대체로 자웅 이체로 태어나게 했지만, 그들이 남자답게, 여자답게 살아야 한다고 말하지는 않았다. 인간을 편리하게 분류하기 위해 남근 여부에 따라 남녀라는 이름을 붙여 규정한 것 또한 인간, 그 규정에 따라 성격이나 감성이 다를 거라 확신한 것도 인간이라면 잘못된 기준을 무너뜨릴 수 있는 것도 인간이지 않을까?

그렇다면 시뻘건 선지해장국에 석박지를 올려서 한 그릇 싹싹 비우는 것 또한 소녀의 감성이 될 수 있다. 단순히 편견을 뒤집는 일에서 더 나아가 '소녀 감성'이란 단어를 볼 때마다 심히 다양한 이미지가 떠올라 도무지 직접 보지 않고는 알 수가 없어지면 이런 단어의 쓰임이 무의미해질 것이다. 그때 우리는 우리를 좀 더 다양한 호칭으로 불러줄 수 있다. 여자 아니면 남자, A 아니면 B, 이것 아니면 저것이 아니라 오지선다를 뛰어넘는 다양한 선택지와 '선택하지 않는 선택'도 선택할 수 있는 순간, 우리는 서로 더 깊게, 보이는 그대로 이해할 수 있게 될 것이다.

짠! 놀랐지?
몰래카메라야

왼쪽은 범죄, 오른쪽은 축제
어떻게 같은 말을 쓰겠어요?

당황하는 얼굴은 웃음을 준다. 다수가 한 명을 속여 놀라게 하는 예능은 1990년대 〈일요일 일요일 밤에〉의 코너 '몰래카메라'를 시작으로 지금까지도 TV를 포함한 다양한 매체에서 단골 소재로 사용되어 왔다. 이미 짜인 대본, 말도 안 되는 상황을 유도하는 호스트, 준비된 장소에서 보이지 않게 숨어있는 카메라, 그리고 아무것도 모르는 한 명. 발단과 전개를 지나 엉망의 결말이 등장하고 곳곳에 숨어있던 카메라가 일제히 등장하며 이렇게 말한다.

"몰래카메라 대성공!"

이 문장은 불과 몇 년 전만 해도 별문제가 없었다. 과거에는 '몰래카메라'란 말을 봤을 때 이경규가 나오는 예능을 떠올렸다. 또 〈1박 2일〉에서 신입 PD를 놀려먹던 출연진들의 모습이나 〈무한도전〉에서 출연진의 눈을 가리고 승합차를 헬기라고 속이고 태워 벌벌 떨게 만들던 모습이 떠올랐다. 그러나 지금 '몰래카메라'란 단어를 마주할 때면 공중화장실의 좌변기 옆에 송송 뚫린 의문의 구멍이 떠오른다. 도대체 카메라 렌즈를 어떻게 숨겼는지 의아할 정도로 안경이나 펜, 화재 감지기 모습을 한 변형 카메라와 매년 5,000건이 넘게 적발되는 불법 촬영물이 떠오른다. 예능에서 사용하던 말이 그대로 범죄를 나타내는 말로 쓰인다. 그로 인해 두 이미지가 서로 겹쳐 희석되면서, 심각한 범죄를 장난스러운 오락만큼 가볍게 보게 되었다. 엄청난 불법 행위이며 범죄임에도 똑같은 용어가 버젓이 각종 예능과 일상에서 사용되니 죄의 무게가 경미해 보인다. 범죄와 장난의 경계가 희석되지 않게 용어의 구분이 절실하다.

다행히 방송계는 '몰래카메라'란 용어를 '깜짝카메라'로 대체하고 있다. MBC 예능 〈놀면 뭐하니?〉에서도 기존 방송에 자주 쓰이던 '몰래카메라'란 자막을 자연스럽게 '깜짝카메라'로 바꿔 방영하며 자연스럽게 교정해나가는 중이다. 그렇다면 '몰래카메라'라고 불려온 범죄는 어떻게 표현하는 게 좋을까. '몰래' 따위의 앙증맞은 말은 집어 던지고 해당 범죄의 무게에 맞게 불법이란 수식을 붙여 '몰래카메라'가 아닌, '불법 촬영'이란 표현 사용을 권장한다.

‘불법 촬영물’을 ‘음란물’이라고 지칭하는 것도 문제다. ‘불법 촬영물’이라고 말할 때는 ‘촬영’한 가해자의 ‘불법’적인 면을 부각하지만 ‘음란물’이라는 영상 속 ‘음란’하다고 말할 수 있는 대상은 피해자 한 명밖에 없다. 폭력의 전시자인 가해자는 코빼기도 보이지 않거나 보이더라도 모자이크를 통해 최대한 저 자신을 숨긴다. 그렇게 그 영상 속 ‘음란’이란 이미지를 고스란히 피해자가 가져간다. 음란이란 말로 범죄를 가리는 순간 피해자의 모습만 집중되며 이것이 ‘불법’이란 사실은 자극적인 표현 뒤로 숨겨진다. 그러니 비겁하게 숨은 가해자를 부각하려면 음란물보다는 불법 촬영물이란 단어를 사용해야 한다.

영국은 2015년에 이미 법률 용어에서 ‘아동 포르노’ 혹은 ‘아동 성매매’를 ‘아동 성 착취’로 대체했으며, 호주 또한 2019년 ‘아동 포르노그래피’를 ‘아동학대 자료’라고 수정했다. ‘포르노’ 또한 ‘음란물’ 단어처럼 피해자의 성적 행위만을 부각하며 가해자의 심각한 범죄는 흐린 눈으로 바라보게 하기 딱 좋은 단어이기 때문이다. 이렇게 단어 하나만 바꿔도 뒤에서 관음하던 변태의 멱살을 바로잡을 수 있다.

비슷한 맥락으로 범죄 사건을 부를 때 '피해자' 사건이 아닌 '가해자' 사건이라 부르자는 논의는 아주 예전부터 나왔다. ○○구에서 귀가하던 대학생 여자 △△△가 □□□에게 심한 폭행을 당했다면 검찰과 언론은 이를 '○○구 여대생 폭행 사건', '여대생 △△△ 사건'으로 부르기보다 '□□□ 폭행 사건'이라고 불러야 한다. 이렇게 하여야 피해자가 아닌 가해자에 초점을 둘 수 있기 때문이다. 하지만 당장에 최근 범죄 관련 기사들만 보더라도 조회 수를 위해 앞다투어 기사 타이틀에 자극적인 표현을 피해자와 함께 배치하여 2차 가해를 일삼는다. '가해자'가 어떤 범죄를 저질렀는지보다, '피해자'가 어떤 '피해'를 입었는지를 더 부각한다. 이 과정에서 상처는 오롯이 피해자의 몫이다. 또한 성별을 표기할 작정이면 피해자와 가해자 둘 다 성별을 표기하든지, 아니면 아예 표기하지 말아야 한다. 남성에게는 '남학생' 대신 '대학생' 혹은 '동창' 등 성별을 배제하고 작성하지만, 피해자는 굳이 '여학생'임을 강조하는 불합리한 기사를 보면 사실 보도 이외에 다른 목적이 있는 건 아닌지 의심이 들 지경이다. 가해자는 성별도 없이 무명의 얼굴로 대중들에게 존재조차 잊히지만, 피해자는 '여-'라는 접두사와 함께 온갖 명사와 붙어 영원히 고통받는 것이다.

장난이 아니라 폭력

폭력은 때로 장난스러운 익살꾼의 얼굴을 가졌다. 장난이라 포장된 폭력은 사태의 심각성을 숨기고 경각심을 무너뜨린다. 그러다 보면 당하는 자도 아리송한 기분을 느낄 수밖에 없다. 상황이 심각해져 피해자의 불만이 표정으로 드러날 때쯤이면 가해자는 "장난인데 예민하게 왜 그래"라는 말로 제 꼬리를 자르고 도망가버린다. 어찌 보면 겁쟁이의 얼굴을 지닌 까불이에 불과하다. 그래서 더 위험하다. 심각한 폭력도 예능으로 승화시킬 수 있기 때문이다. 폭력과 장난을 마구 희석하면 심각한 범죄도 가벼이 보게 한다.

앞으로도 누군가는 또 폭력과 장난의 경계를 무너뜨리려 할 것이다. 그럴 때마다 우리는 다시 견고하게 담벼락을 쌓아야 한다. 아무도 쉬이 넘나들 수 없도록 모두가 정확한 단어를 하나씩 집어 들고 함께 쌓아 올릴 때, 담벼락은 이전보다 더 높고 튼튼해질 것이다. 안전한 사회를 만드는 첫 단계, 바로 벽돌 한 장, 모두가 쓰는 단어 하나를 바꾸는 일부터 시작하자.

2장

이제는 바꿔야 할
낡은 말들

정상 가족이 만들어낸
결손 가족

당신의 그런 생각이 우리를 더 힘들게 해요

놀이터에서 모래로 쌀밥을 짓던 시절이 있었다. 그 시절의 소꿉놀이에서는 아무나 아빠 또는 엄마가 될 수 있었다. 필요하면 자식도 만들었고, 함께 노는 친구들이 많으면 반려견 바둑이까지 정했다. 그때그때 상황에 따라 어제 엄마였던 아이는 다음날 아빠가 되기도 했다. 우리는 때때로 딩크족이 되었다가, 다음날에는 손자와 손녀까지 함께 사는 대가족도 되었다. 가족 놀이에 딱히 정해진 규칙은 없었다. 그냥 놀이터로 달려가 친한 친구들을 부르면 그만이었다. 그렇게 모인 이들은 그게 누구든 해가 지기 전까지는 행복한 가족이 됐다. 하지만 겨울 해는 짧고 일찍 저문다. 추운 저녁이 되면 우리는 진짜 가족에게로 갔다. 우리가 선택할 수 없는 진짜 가족 말이다.

2020년 제4차 가족실태조사 결과에 따르면 비혼 출산에 대한 인식이 다소 긍정적으로 바뀌었다고 한다. 연예인 사유리가 정자를 기증받아 비혼 출산한 이야기가 매체를 통해 전파된 이후 20대의 23%가 비혼 출산을 '찬성'한다고 응답했기 때문이다. 5년 전 응답보다 수치가 세 배 가까이 늘어났다. 같은 조사에서 20대의 절반 가까이(46.6%)는 결혼하지 않고 동거하는 것에 대해 우호적이라고 응답했다. 더불어 같은 해에 이루어진 가족 다양성에 대한 국민 인식 조사에 따르면, 국민 10명 중 7명은 혼인이나 혈연관계가 아니라도 주거와 생계를 함께하면 '가족'이 될 수 있다고 응답했다. 하지만 10명 중 7명이 누군가와 결혼 없이 가족처럼 살더라도, 우리 사회에서 이들은 진짜 가족이 될 수는 없다.

해가 져도 같이 살 수 있는 가족을 만들려면, 사랑을 나누든 피를 나누든 둘 중 하나는 해야만 한다. 하지만 피를 나누는 건 혼자 할 수 없기에, 항상 이성 간의 사랑, 즉 '로맨스'가 전제된다. 그리하여 국가는 사랑을 완성하는 방법으로 이성 간 결혼을 권장했다. 그럴 수밖에 없다. 국가는 일꾼을 계속 배출해야 하고 그러기 위해서는 한 사람이라도 더 낳아야 하니까. 조금이라도 더 많은 사람이 결혼을 인생의 완성이라 생각할 수 있도록, 교과서와 미디어는 열심히 일하는 아빠와 열심히 가족을 돌보는 엄마, 다툴 때도 있지만 서로 아끼는 형제자매, 그리고 그 안에서 행복한 나를 그리며 '건강한 가족'이라 말했다. 다만 이렇게 정상 가족, 혹은 건강한 가정의 표본이 생기면 나머지는 다 어딘가 하자 있는 가족이 된다. 그리하여 표본 밖의 사람들을 '결손가족'이라 불렀다. 사회가 이들을 완전히 행복할 수 없는 가족 형태로 분류하면서 보호자 중 누가 없느냐에 따라 편모, 편부라 하고, 혹은 조손 가정이 칭하며 성장에 어딘가 하자가 있으리라 제삼자가 넘겨짚을 거리를 준 것이다.

숫자로 정상과 비정상을 나눌 수 있나요?

가족의 '붕괴'가 아니라 '진화'

이따금 피는 물보다 진하지 않았다. 남녀 보호자와 아이들로 구성된 '정상 가족'에서도 아동학대와 폭력 등 정상이 아닌 일은 꾸준히 일어났다. 이런 사건들로 사회 구성원들도 어렴풋이 알았을지 모른다. '정상 가족'이란 가족 구성원의 명단이 아닌, 얼마나 그들이 서로를 신뢰하고 돌볼수 있는지가 기준이 되어야 한다는 걸. 하지만 새로운 기준이 생기면 기존의 가족이 해체될 것을 우려했다. 가족의 해체는 곧 사회의 해체, 고정된 역할의 붕괴는 곧 사회 규범의 붕괴로 이어질 텐데 그러다 보면 오랜 세월 동안 결혼과 가부장제를 중심으로 오와 열을 맞춰 정렬해둔 사회가어수선하게 흐트러지리라! 그러나 우려와 달리, 결혼 말고새로운 형태의 시민 결합이 생기더라도 사회는 무너지지않을 것이다. 가족은 붕괴되지 않으니까, 이 변화는 오히려'진화'에 가깝다.

우리는 사랑이 없다면 '정상'이라 불리는 가족들도 파국으로 치달을 수 있다는 걸 몸소 느끼거나 많이 보았다.

누군가와 함께 사는 일에 상대를 향한 사랑은 필수 불가결한 조건이다. 구성원 간의 사랑만이 안정과 평화, 소속감 속에서도 독립된 개체로의 존중, 긍정적인 의사소통을 만들어낸다. 이는 의심할 여지가 없다. 새로이 진화된 가족, 시민 결합도 당연히 사랑이 동력이다. 단언컨대 사랑 없이는 가족이 될 수 없으나, 그 사랑이 꼭 '로맨스'만 있는 건 아니니까. 넓은 의미의 사랑은 우정이나 연대의 얼굴도 가졌다. 그렇다면 꼭, 멜로가 체질이 아니어도 된다.

빠르게 증가하는 1인 가구 통계에 집계되지 않는 진화된 가족은 존재한다. 이들 또한 사랑하는 동반자가 다쳤을 때 법적 보호자가 되어 응급 상황에서 수술 동의서를 작성하고, 함께 살아갈 집을 공동명의로 계약하거나, 책임감을 갖고 새로운 생명을 입양하여 돌보면서 여생을 살아갈 수 있도록 가족의 범위는 넓어져야 한다. 사회가 이들을 포용할 수 있게 법의 테두리를 더 넓힌다면, 가족의 형태만으로 '정상'과 '비정상'을 나누는 잣대들은 자연스럽게 사라질 것이다. 그날에는 지금보다 더 많은 이가 인생의 겨울에도 아무 걱정 없이 사랑의 보금자리 안에서 영원히 포근할 수 있으리라.

'부모'라는 단어가
꼭 필요한가요?

어느 더운 날 모두 수업이 한창일 때, 학교 중앙현관에서 누군가의 걸쭉한 욕설이 들려왔다. 17과 19 사이를 악쓰듯 외쳐대는 목소리가 아주 귀에 익었다. 6반의 재윤이었다. 나는 교무실을 지나 모퉁이를 돌아 목소리의 근원지로 향했다. 거기에는 계단에 앉아 씩씩대는 재윤이와 그의 어깨를 토닥여주는 강우가 있었다.

"누가 수업도 안 듣고 밖에서 이렇게 욕을 하고 있어?"

나는 나름에 엄한 표정을 짓고 단호하게 말했다. 하지만 재윤이는 내 말이 귀에 들어오지 않을 만큼 화가 난 모양이었다. 옆에서 재윤이를 토닥이던 강우가 대신 답했다. "선생님, 그럴 만한 일이 있었어요." 재윤이는 아무 일 없이 화낼 만한 학생은 아니었다. 내가 아는 이 학생은 두루두루 친하고 누군가와 잘 싸우지도 않았으며 입이 험하지 않았다. 물론 수업 시간에 자주 졸기는 하다만, 연신 고개를 꾸벅거리면서도 눈을 부릅뜨려 힘쓰다가 나와 눈이 마주치면 머쓱하게 씩 웃으며, 수업을 듣고자 노력하는 모습을 보였으니까. 주변에서도 '성격 좋다'라는 말을 들으며 자칫 쉽게 화낼 만한 일에도 이해하고 넘어가는 포용력을 가진 학생이었다.

나는 인상을 고쳐 학생들에게 다가갔다. 그들보다 낮은 계단에 앉아 재윤이와 눈을 맞추고, 그에게 무슨 일이 있었는지 말해줄 수 있느냐고 물었다. 학생은 조금, 감정을 가라앉히고 한마디씩 내뱉었다.

"수업 때 자꾸 선생님이, 엄마가 아침을 안 해주냐고 물어요."

누구랑 싸웠다느니 누가 나를 욕했다느니, 이런 말이 나올 줄 알았던 나는 고개를 갸웃하며 재윤이에게 다시 물었다.

"그 말이 너를 화나게 한 거야?"

"저 올해부터 아빠랑만 살고 있어요. 평소에는 야간 알바를 하니까 거의 잠도 못 자고요. 그래도 수업 시간에 안 졸려고 허벅지를 막 꼬집으면서 듣는데, 저를 보시더니 아침은 먹었냐는 거예요. 그래서 안 먹었다고 했어요."

재윤이는 아까 일을 생각하니 다시 서러워졌는지 점점 목소리가 먹먹해졌다.

"그랬더니 저보고 엄마 밥을 못 먹고 와서 조는 거래요.

그 선생님은 저한테 그걸 매주 물어요. 아침밥은 먹고 왔냐, 오늘도 늦었던데 엄마가 안 깨워주시더냐. 오늘은 듣기 힘들어서 묻지 말아 달라고 했어요. 그랬더니 화를 내셔요. 내가 무슨 나쁜 말을 했길래 그러냐고."

그 선생님은 재윤이가 아빠만 있다는 사실을 몰랐을 거다. 재윤이를 조금은 안다고 생각했던 나도 가정사는 그때 들었으니까. 아마 악의는 없었을 가능성이 크다. 그래도 재윤이는 이 말을 지겹게 들어서 진저리가 난다는 듯이 말했다.

"알아요. 선생님은 모르셨겠죠. 그런데 우리 반 애들은 다 알아요. 내가 밥해줄 엄마 없다는 거."

부모라는 단어는 덩치가 너무 작다

담임선생님이 되어 학생을 상담하다 보니, 나는 '부모'라는 단어의 필요성을 느끼지 못하게 됐다. 물어봤자 내가 알 수 있는 '부'와 '모'가 별로 많지 않기 때문이었다. 우리 반

우진이는 부모님이 일찍이 이혼하신 뒤 어머니와 살고, 희재는 할머니와 단둘이 살며, 준희는 두 명의 어머니가 함께 키운다. 이 아이들이 다른 아이들과 다르게 특별히 어둡냐 물으면, 아니다. 오히려 보호자와의 유대관계가 더 긴밀한 경우도 있다. 아무래도 다른 건 세상이 이들을 기재하는 방법이다. 나는 학생상담 기록 카드에 이 아이들의 가정을 세상이 말하는 방식으로 기록해야 했다. 그러자 우진이는 '한부모 가족', 희재는 '조손 가족', 심지어 준희는……, 뭐라 적을 말조차 없었다.

우리는 언어를 통해 사회를 해석한다. 흔히 쓰는 '부모'라는 말 하나가 '정상의 가정'이란 범주를 만들고 그 이외의 삶의 방식을 그어놓은 선 바깥으로 내몬다. 선 안에서 바깥을 바라보며 선 밖의 가정은 완전하지 않다고 안쓰러워하면서. 2020년 여성가족부에서 조사한 통계에 따르면 약 152만 가구는 '부'와 '모'가 함께 키우지 않는다. 이는 최소 60개의 고척돔 경기장을 채울 만한 관중, 웬만한 광역시 규모의 시민 수와 비슷하다. 법이 정해 놓은 가족 형태에 들어가지 않는 가구까지 포함한다면 이보다 훨씬 더 많

으리라. 사회는 이렇게 많은 이를 모두 정상의 범주 바깥에
둔다. 우리 사회가 유난히 악독해서 그런 것이 아니다. 다
양한 요인들이 있겠지만 나는 '부모'란 단어가 자기 덩치를
모르고, 모두를 품으려다가 생긴 문제라고 본다.

부모라는 말 대신

부모(父母)라는 단어는 반드시 두 명을 포함한다. 더불
어 남자와 여자가 한 쌍인 단어이기에 혼인·혈연·입양 이
외의 가족 형태는 설명할 수가 없다. 이 단어는 남자와 여
자로 구성된 부부가 자식을 낳아서 기르며 가족이 되는 과
정을 자연스럽게 연상시킨다. 그로 인해 모든 이의 머릿
속에 '여자와 남자가 함께 기르고 있느냐'가 온전한 가정
의 선행조건처럼 여겨진다. 이 단어로 인해 부모가 없는 가
정에 다른 수식어를 붙고, 실제 삶이 어떠한지와 관계없이
상대를 측은하다고 동정하거나 문제가 있을 거라는 선입
견이 생겼다. 그들이 아무리 화목하고 행복하더라도 알맹

이를 보기보단 포장지만 흘낏 보며, 함부로 연민하는 무례를 범하기 쉬워졌다. 하지만 건강한 가정에 대해 연구한 학자, 스티넷(Nick Stinnett)과 드프레인(John Defrain)은 '건강한 가족은 태어나는 것이 아니라 만들어지는 것이다'라고 말했다. 그러므로 어떤 가정을 바라볼 때 구성원이 '어떤 성별'로 이루어졌느냐가 아니라, 그 안의 '내용'을 봐야 한다. 구성원 서로의 헌신과 원활한 의사소통, 애정과 신뢰를 쌓아가는 활동 등이 충분히 이루어지고 함께 삶을 공유하며 생계를 이어나간다면, 법률혼의 두 남녀로 이루어지지 않은 가정도 건강할 수 있다.

그렇다면 한 사람의 보호자를 나타내는 말은 '부모'가 아니라, 성별의 구분과 인원의 규정이 없는 전혀 새로운 단어가 되어야 하지 않을까? 누군가는 이 단어가 주는 상처가 날카로운 폭언보단 아주 미미하니, 그럴 필요까지 있느냐고 말할지도 모르겠다. 하지만 굳이 매번 쓰는 단어로 손톱만큼의 상처라도 남에게 줄 이유가 있을까? 내가 쓰기 편하니까 누군가의 마음에 자잘한 상처를 낼만큼, 이 단어가 그리 소중하진 않다. 오히려 나는 작은 생채기 하나라도 내지 않고 우리를 품을 새 단어의 탄생을 기원한다. 누구와 사는지가 아니라 어떻게 사는지를 들여다보는, 사려 깊은 그런 단어. 그 단어로 어떠한 이의 안부를 물어도 안녕할 수 있기를 희망한다.

장애우가 아니라
장애인입니다

정상과 비정상은 누가 정하나요?

꼭 자세히 보아야 예쁘고 오래 보아야 사랑스러운 건 아니다. 오히려 멀리서 보면 세상 만물이 다 사랑스러워 보인다. 세렝게티 사자들이 아웅다웅하는 모습을 TV 화면을 통해 보고 있으면 고놈 참 고양이랑 하는 짓이 비슷하여 귀여울 수 있다. 그러나 세렝게티 0열에서 직관한다면 맹수의 아우라에 100이면 100 전부 질겁할 것이다. 이렇게 상대와 거리가 멀면 멀수록, 남의 일 같을수록 역설적이게도 애정을 주기 쉬워진다. 그것이 습자지처럼 얄팍할지라도 말이다.

애정의 대상을 무해하고 연약한 존재로 곡해하며, 그저 곱게 포장된 선물상자 보듯, 상대의 내면을 영원히 뜯지 않고 날마다 쓰다듬는다면 어떨까? 상자 안의 문드러진 마음은 열어볼 생각도 하지 않은 채로 예쁜 포장지가 영원히 예쁘기만을 바라는 마음. 이러한 행동도 애정일 수는 있다. 그런데 "이런 시선도 애정이니 받는 이가 마냥 좋을까요?" 묻는다면 당연히 아니다. 특히 원하지 않는 애정이라면 더욱 좋지 않을 수밖에.

무지한 애정은 친절한 폭력이다. 그렇다. 아무리 좋은 의도, 애정 가득한 말이라 할지라도 상대에게 상처를 줄 수 있다. 장애가 있는 이의 성과를 칭송하겠답시고 '장애가 있음에도 불구하고 마라톤 선수가 된', '장애를 극복한 성악가'라는 표현을 쓰며, 원래 장애가 있으면 이런 일을 하는 게 힘들다는 조악한 연민을 더해 이런 이상한 칭찬을 할 수도 있다. 도움이 필요하지 않은 상황에서도 장애인을 위해 어떤 행동을 '동의 없이' 하는 것 또한 오히려 장애인을 비장애인의 도움을 받기만 하는 역할로 제한해버린다. 이런 인식의 오류가 계속되면 장애인은 연민의 대상일 뿐이고 나는 베풂을 강요당하고 있다고 착각하여 "나한테 돌아오는 게 없는데 왜 나만 도와야 해요?"라는 질문을 당당하게 내뱉을 수도 있다. 실제로 사회는 장애인과 비장애인이 서로에게 도움을 주면서 굴러간다. 다만 비장애인 위주로 된 사회가 일할 기회와 도울 기회를 장애인에게 좀처럼 주지 않을 뿐이다.

언어 중에서는 대표적으로 '장애우'라는 표현이 그렇다. '불구', '애자'라는 비하 표현이 넘쳐나는 걸 막고자 사회는 '장애우'라는 단어를 사용하기 시작했다. 분명, 다정한 의도처럼 보였다. 그래서 비장애인은 이렇게 주장했다. 친근해지기 위해서, 친구가 되기 위해서 '벗 우(友)'를 붙였다고. 이렇게 부르면 우리는 서로 잘 지낼 수 있을 거라고 말했다. 처음에는 어느 정도 맞는 말 같았다. 그리고 비장애인과 장애인의 관계가 보기 좋게 포장된 이 단어를 달리 싫어할 이유가 없었다. 장애가 모욕이 되는 역사를 겪는 이들은 혐오를 지울 새로운 단어를 고대하고 있었으니까.

장애인은 비장애인 중심의 사회를 향해 꾸준히 말했다. 내가 정말 친구라면 나를 너와 동등하게 여겨달라고. 우리가 같다면 나도 어디든 안전하게 이동할 수 있도록 해 달라고, 장애인을 비장애인과 철저히 구분하여 함부로 낙인찍지 말아 달라고, 나의 멸칭을 너의 비유법으로 쓰지 말아 달라고 말했다. 하지만 친구는 그 어느 부탁도 들어주지 않았다. 사람들은 2022년 방영된 드라마 〈이상한 변호사 우영우〉처럼 미디어 속 귀여운 장애인 캐릭터에는 열렬히 환호하나 실제 장애인들의 권리 요구와 시위는 소음 공해로 취급했고, 자신은 말꼬리가 잡히거나 요만한 악센트라도 남이 따라 하면 불같이 화를 내며 싫어하면서 어딘가 어눌한 발달장애인의 말투는 귀엽다고 따라 하며 장애를 하나의 유희 거리로 삼았다. 이렇게 이웃과 사회가 장애인을 동등한 인간으로 여기지 않는데, 비장애인 중심의 사회에서 '장애우'란 말은 여러모로 염치없는 표현이 아닐까.

심지어 장애인은 '장애우'란 단어로 본인을 지칭할 수도 없다. "나는 장애우입니다"라는 말은 "나는 장애를 가진 (비장애인의) 친구입니다"라는 의미를 띤다. 이 말 속에서 장애인은 항상 누군가의 친구로서만 존재한다. 장애인은 비장애인의 액세서리가 아니다. 그런데도 장애우라는 단어 속에서 장애인이 독립적인 완전체가 아니다 보니, 장애인의 반대말이 '정상인'이라는 무지를 낳았고 장애인을 스스로 소개할 수 없는 존재로 만들었다. 사회는 일방적 친구 선언을 통해 장애인이 비장애인의 친구일 때만 자신을 소개할 수 있게 만들었으면서, 정작 장애인을 정말 친구처럼 가까이 두고, 오래 사귀며, 찬찬히 살펴보려 하지 않았다.

거리에서는 비장애인들끼리 서로를 욕하기 위해 '병신'과 '애자'라는 멸칭을 아무렇지 않게 쓴다. 국회의원과 언론은 조화롭지 않은 정책을 두고 '절름발이' 행정이라 말한다. 일상어는 또 어떤가. 사람들은 '벙어리' 장갑을 끼고 '앉은뱅이 의자'에 앉으며, 바로 앞의 사실을 두고도 모르는 이를 향해 '눈뜬장님'이라 놀리고, 자기 속사정을 말하지 않는 이에게 '꿀 먹은 벙어리'라 칭하며, 선택에 우유부단한 이에게 '결정장애'가 있다고 말한다.

이렇게 남의 장애를 가벼운 비유로 아무렇지 않게 거들먹거리면서 친구라고 우기면 다인 걸까? 상대가 기분 나쁠 만큼 따돌리고 모욕을 하며, 관계의 우위를 이용하여 불만을 표출할 수 없게 만드는 기울어진 관계. 만일 이런 일이 비장애인 사이에서 일어났다면, 우리는 이를 명백한 괴롭힘으로 보고 폭력이라 불렀을 것이다. 그런데 왜 우리 사회에서는 당하는 이가 장애인으로 바뀌었을 뿐인데, 폭력이 아니라 '그럴 수도 있는 일', '무심코' 한 말로 치부하는 걸까? 이런 태도로 어떻게, 친구라는 말을 함부로 할 수 있는가. 억지 친구 만들기로는 사회를 통합할 수 없다. 차라리 상대를 꼭 사랑스럽게 보지 않더라도 한 발짝 다가와 서로의 목소리에 귀 기울이고 마주한 모습을 편견 없이 바라볼 때, 우리는 그럴듯한 다정한 기만보다 진정한 연대를 할 수 있으리라. 아주 상식적인 친구가 되는 첫 번째 단계, 상대를 제대로 이해하기. 초면에는 이것부터 시작해야 한다.

'처녀'는 왜
'처음'의 수식어가 되었을까?

모두의 시작을 처녀로 비유할 필요는 없으니까

중세시대에는 마녀사냥이 유행했다. 혹자는 마녀들이 빗자루를 타고 다녔다느니 악마와 성교를 했다느니 했지만, 사실 옆집 농사가 망하거나 갑자기 별안간 우박이 떨어져도 모든 걸 마녀 탓으로 삼았다. 여기서 마녀를 판별하는 제1의 근거는 바로 '출산'이었다. '마녀'라는 단어를 떠올렸을 때 주로 '노파'와 연결 짓는데, 이는 중세시대에 낙태와 피임에 대한 민간 방식을 공유한 이들이 대부분 노파였기 때문이다.[4]

여자의 존재 이유가 '자궁'이라 믿었던 중세시대 사람들은 하나밖에 없는 출산 기능을 무용지물로 만드는 노파들이 원망스러웠을 것이다. 결국, 여성이 안전하게 성생활을 할 수 있도록 도와준 여자들은 죄다 뜨거운 불길 속에서 사라졌다. 마녀의 가장 큰 죄목이란 여성이 함부로 '자율성'을 드러내는 걸 도왔다는 점이었다.[5] 아득한 과거와

---

[4] 유찬수, 〈중세시대의 여성차별〉, 협성대학교 대학원 신학과 역사신학 전공, 2010년, 49~52p

[5] 손덕수, 〈서양에서의 성차별인식〉, 《여성문제연구 18권》, 대구가톨릭대학교 사회과학 연구소, 1990년

달리 지금은 마녀의 마법이 약국이나 편의점에도 판다. 이
렇게 모두가 마법사가 되었으니 마녀사냥이 없어졌느냐
묻는다면, 아니다. 여전히 은은한 몰이는 계속되고 있다.

처녀막이 터지면 처녀가 아니라고?

어릴 때 친구들과 모여 온천천에서 자주 자전거를 탔
다. 쌩쌩 달려 지하철역을 몇 정거장이나 지나쳤을까. 잠시
후 누군가 쉬어가자고 말을 했고, 우리는 자전거를 아무렇
게나 세워두고 바닥에 철퍼덕 앉았다. 땀을 식히며 이런저
런 이야기를 하다가 누구 한 명이 이런 말을 했다.

"여자들은 자전거를 조심해서 타야 한대."

이야기를 들은 아이들은 의문의 표정을 지었고 말을
시작한 친구는 주위를 두리번 살피다가 목소리를 낮춰 조
용조용 손가락으로 제 바지춤을 가리키며 이렇게 말했다.

"여자한테는 요기, 처녀막이 있는데 처음 관계를 할 때
피가 난대."

친구는 중대한 비밀을 발표하듯 자신이 전해 들은 지식을 우리에게 전파했다. 친구의 말대로라면 처녀막이란 처음 섹스를 할 때만 찢어지는 '처녀를 증명하는 수단'이며 남자들이 이걸 굉장히 중요하게 여기는데, 재수 없으면 안장 때문에 자전거를 타다가도 찢어진다는 것이다. 우리는 각자 궁금한 걸 물었다.

"그게 비닐 막 같은 거야?"

"아무래도 그렇겠지?"

"처음인데 안 터지면 어떻게 해?"

"처녀가 아닌 거지!"

세상에. 우리는 일동 경악스러운 표정을 지었다. 그러고는 대충 널브러진 자전거를 께름칙한 눈빛으로 보며 "다음에는 살살 타자"라고 약속했다. '살살' 탄다는 게 대체 뭔지는 몰라도 서로의 처녀막을 보호해주기 위한 의리였다. 그러다가 한 아이가 정말 순수하게, 그리고 세상 날카롭게 한 질문을 했다.

"그런데 고추에는 막이 없어?"

사실 순결을 증명하는 막 따위는 여자에게도 없다. 이 사실을 나는 어른이 되고 인터넷을 통해 알았다. 더 정확한 증명을 위해 니나 브로크만과 엘렌 스퇴켄 달의 책 『질의 응답』[6]을 참고해 설명하자면 다음과 같다. 여자의 질 구멍 바로 안쪽에는 꼭 반지처럼 질 벽을 빙 두른 점막 주름이 있는데, 우리는 이것을 처녀막이라고 잘못 부르고 있다는 것이다. 정확한 용어는 '질 막'에 가깝다. 모든 여자는 태어날 때부터 질 막을 가지고 있는데 무슨 쓸모가 있는 건 아니다. 남자의 젖꼭지와 비슷하게 아무 기능이 없고, 우리가 배아였을 때 갖고 있던 것이 그냥 남아있는 것뿐이다.

그리고 여자가 처음 섹스를 할 때 질 막은 질 전체와 함께 평소보다 더 늘어나는데 어떤 경우에는 질 막이 찢어져서 피가 좀 날 수도 있다. 즉, 처음 섹스할 때 피가 나는 여

---

6 니나 브로크만, 엘렌 스퇴켄 달, 『질의 응답』 열린책들, 2019

자도 있지만 그렇지 않은 여자도 있다는 말이다. 또 상처는 시간이 지나면 당연히 낫는다. 여자 몸속에 있는 이건, 뭐 딱히 대단한 순결 감지기가 아니다. 나는 처음 이 사실을 알았을 때 화가 났었다. 왜 하등 필요 없는 거를 중요하다고 보호까지 하라고 한 거야? 심지어 자전거를 탄다고 망가지지도 않는다. 망가졌다 해도 좀 어떤가. 어차피 쓸모도 없는 질의 주름이 아닌가.

예리했던 한 친구의 질문처럼 남자에게는 처녀막 같은 고추막 신화 따위가 없다. 그저 첫 경험을 묘사할 때 남자는 '아다'('새롭다'라는 뜻의 일본어 '아타라이시あたらしい'를 줄여 '아다'라고 표현한다)를 '뗀다'라고 한다. 그게 다다.

물론 지금은 시대가 많이 바뀌는 중이다. 국립국어원은 2021년 2분기 표준국어대사전을 공개하며 표준국어대사전에 '질 입구 주름'이란 단어를 표제어로 등록하는 동시에 '처녀막'의 뜻풀이를 '질 입구 주름'의 전 용어라고 수정했다.

시대의 변화에 맞춰 정조를 지키는 여자란 어쩐지 고리타분한 이미지가 되었지만 여전히 '처음 발표한 작업물'

을 '처녀작'이라 부르는 단어의 잔재가 남아있다. '처녀-'는 '처음'을 나타내는 관용구로 자주 사용되나 '총각-'이 붙는 말은 없는 걸 보면 이것도 여성의 순결을 미화시키려는 수단이다. 지금은 순결 신화따위가 힘을 잃었다 하더라도 단어가 계속 존재하는 한, 적당한 발화점이 생겼을 때 어느샌가 다시 마녀사냥은 시작될지도 모른다.

중세부터 이어진 여성 탄압의 불씨가 현재는 꺼져가는 담뱃불마냥 힘을 잃었지만, 어디선가 적당한 동풍이 불어올 때 다시 활활 여성들을 태우지 않도록. 지금의 세대에서 차별 단어를 발로 지그시 밟아 꺼뜨리자. 화재 예방은 첫째도 불조심. 둘째도 불조심이니까.

언제까지 도망쳐야 할까요?

대한민국은 정말
단일민족일까?

단일은 옛날 옛적의 이야기예요

한국인에게 자연의 의미는 순수로 통하는 듯하다. 우리가 '자연스럽다'라는 말을 찬사로 사용할 때를 보면 알 수 있다. 인공감미료를 첨가하지 않은 슴슴하고 담백한 맛에 '자연'의 맛이 느껴진다고 하거나, 의학적 시술이나 수술을 받지 않은 미인을 '자연' 미인이라며 칭송한다. 아무것도 섞이지 않은 자태야말로 자연의 민낯이라 생각하며 자연의 순수를 사랑한다. 하지만 유명한 영국의 진화생물학자인 윌리엄 도널드 해밀턴은 이런 말을 남겼다.

"자연은 순수를 혐오한다."

과거의 자연은 지금의 자연이 되기 위해 끊임없이 섞여왔다. 획일화되어 하나의 전염병에 무기력하게 당하지 않도록, 유전자 다양성을 꾸준히 추구해온 것이다. 자연의 일부분인 인간도 열외는 아니었다. 늘어나는 인구와 한정된 자원, 예측할 수 없는 생태환경의 변화 등으로 인간의 조상은 400만 년 가까이 방랑과 정착의 역사를 반복해야했고, 그중 순수 혈통 따위를 버린 인간만 살아남았다. 순수에 집착한 합스부르크 왕가는 명화 속에 근친혼의 유전병을 앓던 모습만 남긴 채 사라졌다. 순수야말로 인위 그 자체이며, 자연과 머나멀다. 그런데 한국인만 하나의 민족으로 5000년의 역사 속에서 살아남았다는 주장이 어떻게 '자연'스러울 수 있을까.

원래 나라로 돌아가라니?

2019년 트럼프 전 대통령이 자신의 이민정책을 비판해온 민주당의 유색 인종 여성의원 네 명을 저격하듯 이런 트윗을 올렸다.

"완전히 무너지고 범죄가 창궐한 본인들의 고향으로 돌아가는 게 어떠냐."

그가 저격한 여성의원은 모두 미국 시민이었다. 세 명은 태생부터 미국인이며 한 명은 소말리아에서 태어나 미국으로 이주했다. 유색인종은 미국인이 될 수 없다는 태도는 엄연한 인종차별이다. 이런 상황이 백인과 유색인종 사이에서만 발생하느냐면 전혀 아니다. 우리나라 서울 1호선에서도, 마을버스에서도, 길거리에서도 트럼프 같은 사람을 볼 수 있다. 흑인이 왜 우리나라에 있냐며 소리치는 사람, 코로나19가 성행하던 당시 백신 접종 여부 및 PCR 검사 여부와 상관없이 외국인 출입을 금지한 개인 사업장까지 한국에서 나고 자라도 다른 생김새를 가진 순간, 그는 국적과 상관없이 영원히 외국인으로 남는다.

우리나라는 '우리'의 모습과 다른 이들에게 찬바람이다. 눈을 위로 죽 올리며 동양인을 비하하는 서양인에게는 열렬히 분노하지만, 재밌으라고 피부를 까맣게 분장하고 흑인 흉내를 내는 건 괜찮다고 말한다. 인종차별은 나쁜 짓이라 주장하면서 한국에 거주하는 외국인을 '짱깨', '외노자', '똥남아'라고 부르는 비하를 서슴지 않는다. 일부는 '외노자'란 말이 단순히 '외국인 노동자'를 줄여 말하는 거란다. 하지만 언론에서든, 실생활에서든 이런 말을 백인에게 쓰는 일은 좀처럼 본 적이 없다. 그렇다면 외노자라는 단어에는 분명히, 인종의 위계가 있다. 찌개 하나를 두고 숟가락 곧장 들이대며 침을 섞는 건 괜찮지만, 인종끼리 피가 섞이는 건 불편한 걸까.

2020년 통계청 자료에 의하면 전체 혼인 중 국제 결혼의 비중이 증가하고 있다. 전체 출생아 100명 중 6명은 국제결혼 부부의 자녀이다. 만약 학교의 어느 반 정원이 20명이라면 국제결혼 부부의 자녀가 반드시 한 명은 반마다 있다는 말이다. 2016년부터 4년째 국제 부부의 출생아가 늘어나는 것으로 보아 더 증가하지 않을까 싶다. 그리고 집계에 들어갈 수 없는 아이들도 있다. 바로 약 2만 명에 해당하는 미등록 이주 아동이다. 한국인도 외국인도 아닌 채로 주민등록번호 하나 없이 태어나 힘겹게 초중고를 한국에서 졸업한다 하더라도 한국인의 자격을 얻기란 힘들다. 단지 미등록 외국인 사이에서 태어났다는 이유로 인권침해는 대물림된다.

그들의 보호자인 외국인 미등록 노동자는 일터 변경도 자신의 의지로 할 수 없었다. 임금체불, 초과 노동, 욕설과 폭행 등을 하는 고용주를 만나면 누구나 다른 직장을 구하고 싶겠지만, 한국인은 되고 외국인은 안 됐다. 2021년 12월 23일 헌법재판소는 사업자 변경 사유를 제한하는 외국인 고용법 조항 등이 기본권을 침해한다고 이주노동자들이 낸 헌법소원 심판 청구를 기각했다. "외국인근로자의 효율적인 관리 차원에서 장기 근무를 유도할 필요가 있다"는 이유였다. 이들은 결국 참지 못해 도망치거나 구직등록 기간을 넘기기라도 하면 '불법'체류자라고 불리게 된다.

우리나라에서 40만 명의 외국인 미등록 노동자를 보는 시각은 '불법'이란 말에서 떠오르는 이미지 때문에 영화 〈범죄도시〉 속 장첸으로 보는 데 멈춰 있다. 이처럼 직업 선택의 자유를 침해하는 법의 불합리에도 불구하고 "범법자들아, 꼬우면 너네 나라로 가라"라는 혐오 발언을 아무렇지 않게 외치는 사람들이 많다. 마치 자기보다 열등한 인간을 보듯 말이다. 케이팝이 외국에서도 유행하여 외화를 많이 벌어오면 좋겠지만, 이 땅에서 외국인은 쉽게 돈 벌 생각하지 말라는 아이러니. 언제까지 이 땅에 단군의 후손만 살 수 있길 바라는 걸까. 순수에 집착하는 인간의 말로는 도태되거나 멸종, 그 둘 중 하나였는데 말이다.

2005년 5월 '살 색'이라 불리던 대한민국 아이들의 크레파스가 '살구색'으로 명칭이 바뀐 이유는 피부 가장 바깥의 고작 0.1mm에 더 이상 신경 쓰지 말자는 의미였지 더 철저히 구분하자는 얘기가 아니었다. 하지만 그렇게 자란 아이들은 지금, 어떤 색 크레파스로 한국을 그리고 있을까?

김순혈(5000세) / 한국인

인류도 나이를 먹을 만큼 먹었다고요!

저출산 시대라는 말에
숨어 있는 음모

한 생명의 탄생, 여성보단 아이를 중심으로

출생아 수가 10년 만에 반 토막이 났다. 공중파 뉴스에서는 인구 절벽이 40년 당겨졌다는 소식을 전하며 '치마를 입은 사람'이 아이의 기저귀를 갈고, 유아차를 끄는 픽토그램을 덧붙였다. 뉴스는 통계청의 전망을 전하며 마무리됐다.

"그런데도 정부는 10년 뒤에는 다시 이 출산율이 올라가서, 1명을 넘을 거라는 전망을 유지하고 있습니다. 90년대생 젊은 여성 인구가 이전보다 소폭 늘어나는 부분을 감안했다는 겁니다.[7]"

10년 뒤에는 90년대생 젊은 여성 인구가 늘어나기 때문에 출생아 수가 자연스레 늘어날 것? 흠, 이 말대로라면 아이의 탄생은 젊은 여자에게만 달린 모양이다. 사람들은 말한다. 출산율을 높여야 한다고. 출'산(産)'율을.

---

7   전연남, 〈출생아 10년 만에 '반토막'…"인구절벽 40년 당겨져"〉, SBS뉴스, 2022년 2월 23일자

옛날부터 지금까지 사람들은 '출산'을 단어 그대로 아이를 낳는 주체인 여성과 연관 지으며 '출산율'의 책임 역시 여성에게 안기고 있다. 그로 인해 성비 불균형이 지독했던 80년대부터 90년대까지[8] 여자라는 이유로 하마터면 태어나지 못할 뻔했던 이들에게 사과 대신 묘한 책임감을 부여하고 있는 것이다.

"인구수가 부족해 이대로 가다가는 다 망한다"라는 호소에도 청년들은 남자든 여자든 심드렁하다.[9] 저출생의 주요 원인을 묻자 남성은 1위로 실효성 없는 국가 출산 정책을, 2위로 미래에 대한 막막함을 말했고, 여성은 1위로 미

---

8 남아선호사상으로 인해 선택적 낙태가 성행했다. 태아의 성을 초음파로 감별할 수 있게 된 85년, 88년이 심했으며 특히 90년생 신생아 출생성비는 116.5, 여아 100명이 태어날 때 남아 116명이 태어나는 최악의 성비를 보여줬다. 이 해 유독 여아 낙태가 많았던 대표적인 이유는 바로, 90년생 백말띠 여자는 팔자가 드세다는 말도 안 되는 미신 탓이었다고 한다.

9 결혼정보회사 듀오의 미혼남녀 1,000명을 대상으로 조사하여 발표한 '2022 출산 인식 조사'

래에 대한 막막함, 2위로 일과 가정 양립의 어려움을 꼽았다. 특히 '일과 양립의 어려움' 부분에서는 여자가 남자보다 두 배 이상 응답하는 등 극심한 차이를 보였다.

막막한 미래는 사람마다 다르겠지만, 일과 양립이 어렵다는 응답 수는 왜 성별간 크게 차이가 날까? 결혼 생각은 있으나 실천이 어렵다는 친구에게 물었다. 내로라하는 기업에서 직장생활을 10년 이상 해온 김 모 씨는 이렇게 말했다.

"결혼은 하고 싶은데, 승진도 하고 싶어. 근데 내가 다니는 곳은 애 낳으면 공백 생겨서 승진을 못 해. 실제로 회사에 이런 여자들, 한둘이 아니야. 나도 차라리 도시 괴담이면 좋겠어."

육아와 가사도 누군가의 노동력이 들어가는 일이지만, 아르바이트도 적을 수 있는 그 흔한 경력 한 줄도, 자격증 한 장도 얻을 수 없다. 여성의 가사노동은 워킹이 맞으나, 아무도 그들을 워킹맘이라 부르지는 않는다.

그렇다면 육아란 도대체 무엇인가. 사회는 육아를 감정의 영역으로 봤다. 근거는 '모성애'라는 단어에서 찾을 수 있다. 역사는 모성애의 위대함을 치켜세우며 육아를 '본능적 감정'으로 설명했다. 사람들은 여성의 유전자에 개체를 보호하려는 본능이 프로그래밍 되어 있다고 믿었다. 따라서 무한한 헌신과 자애로운 양육방식은 오로지 엄마의 몫이 되었다. 결혼하지 않은 여자가 아이를 좋아하면 사람들은 모성애 때문이라고 말했다. 하지만 그 여자의 사랑이 마당 앞에 꾹꾹이를 하는 고양이에게도, 말랑한 발바닥으로 사방을 뛰어다니는 강아지에게도 평등하다면 그건 '모성애' 때문이 아니라 그냥 귀여운 걸 좋아하기 때문일지도 모른다. 그런데도 위대한 모성애 신화는 더욱 힘을 얻어, 아이는 엄마가 키워야 한다는 생각이 팽배해졌고 그에 따라 모유 수유와 태교는 필수가 되었다.

여성 양육자의 노동이 사랑이란 명목으로 당연하다 여겨지는 사회에서, 서울대학교병원 산부인과 전종관 교수는 한 TV 프로그램에 나와 이런 말을 남겼다.

"나는 임신부에게 '안정'과 '태교'를 권하지 않는다. 안정을 금하는 이유는 첫 번째, 근육이 빠지며 몸이

나빠진다. 두 번째, 혈전증의 위험이 커진다. 그리고 세 번째, 삶의 질이 나빠진다. 태교 또한 근거가 없다. 태교했을 때 정말 아이가 좋아졌는지 구체적인 증거가 없다. 그런데도 많은 여성이 일을 해야 해서 태교를 할 시간이 없는 경우 죄책감까지 느끼고는 한다. 더 큰 문제는 아기에게 이상이 생겼을 때 임신부가 태교를 못 했기 때문이라는 식의 말을 들을 수 있다는 거다. 그것이 아무런 과학적 근거가 없음에도 불구하고 말이다."

그는 임신부의 삶의 질에 관심을 두지 않은 사회를 진심으로 안타까워했다. 아이를 배고, 낳고, 입히고, 먹이는 모든 일의 기저에 사랑이 있다 하더라도, 결국에는 두 손과 두 팔을 움직이는 노동이 필요하다. 더불어 모성애와 부성애가 크게 다를 리 없지 않은가. 정신에는 성별이 없다. 그렇다면 사랑에도 성별은 없다.

출생이란 단어에는 남녀가 아이와 함께 있으나, 출산은 주체가 여성이다. 설마 그럴 의도가 없었다고 하더라도,

저출생을 걱정하는 사회 속에서 자연스레 여성에게만 한 번 더 책임을 묻는 분위기가 만들어질 수 있다.

작대기 하나의 차이는 꽤 크다. 님의 침묵은 절절하나, 남의 침묵에는 심드렁하게 되듯이. 그러니 작은 단어 하나를 바꾸는 일을 시작으로, 양육자에게 건네는 격려 한 문장을, 출생 장려를 위한 정책 한 문단을, 아이를 원하는 이라면 누구나 마음 편히 기를 수 있는 사회를 향한 한 편의 지침서를 마련할 수도 있지 않을까? 모든 변화의 시작은 아주, 사소하므로.

이런 시대에 누가 아이를 낳을까요?

강릉인데
'서울에 올라간다'고?

당연히 서울이 '위'니까 '올라간다'가 맞지!

그렇게치면 강원도가 제일 위 아니야?

왜 강원도는 '내려간다'고 해?

...

으쓱

아무래도 '서울'이니까?

출근길 뉴스 속보로 지하철 1호선 탈선 사고가 보도됐다. 아니, 지금 내가 타고 있는 지하철이 1호선인데? 허겁지겁 놀라서 주위를 살피는데 아주 고요하고 평안하다. 알고 보니 '서울' 지하철 1호선이었다. 서울에 아직도 왕이 있는 모양이다. 그렇지 않고서야 이럴 수는 없다.

언론에서 말하는 지하철 1호선은 서울이다. 부산 지하철은 '부산' 지하철 1호선이라고 반드시 지역과 함께 표기한다. 지하철이 있는 지역은 부산, 대구, 광주, 대전 그리고 서울로 다섯 곳이다. 하지만 보통 지하철이 상징하는 지역은 항상 '서울'이다. 서울이 한양이었던 시절부터 상경(上京)의 의미를 따다 서울은 '위' 지역, 나머지 지역은 '아래' 지역이라 불렸다. 조선시대에는 그나마 실존하는 '왕'이 한양에 있었으니 군주를 향해 '위'에 있다고 표현했으나, 현재는 국가의 주권이 국민에게 있는 민주주의 국가이다. 촌에도 국민이 있고 수도에도 국민이 있는데 왜 우리는 아직까지도 '지방에 내려간다'고 말하는 걸까? 심지어 서울보다 윗지역인 강원도를 가는 일조차 '강원도에 내려간다'고 말하는 역설까지 견디면서 말이다.

여의도의 몇 배? 연남동 감성?

생각해보면 그랬다. 내가 보는 거의 모든 TV 프로그램의 배경은 서울이었다. 아무리 인프라가 집중되는 수도라지만 마치 너도나도 암묵적으로 가본 장소인 양 '연남동 감성', '망원동 감성' 같은 말을 당연하게 할 때면 도대체 거기가 어딘데 싶은 거다. 정확히 체감한 적 없으니 누군가와 이야기할 때도 방해가 된다. 상대는 연남동 감성이란 말에 이구동성 게임처럼 같은 생각을 떠올리길 바랐겠지만, 현실은 동상이몽이다. 물론 어렴풋이 때려 맞출 순 있다. 다만, 왜 그렇게까지 해야 할까? 연남동이 아니지만, 그 비슷한 감성을 가진 곳곳의 장소들을 귀납적으로 추론하여 한 번도 가지 않은 연남동을 떠올려야 한다면, 이만큼이나 불친절한 비유가 어디 있을까!

그런데도 서울공화국은 전 국민이 알고 있으리라 단언하며 해당 표현을 쓴다. 미디어뿐만 아니라 언론도 그렇다. 오래전부터 규모에 대한 소식을 보도할 때면 '여의도의 몇 배'라는 표현을 관용적으로 사용해왔다. 여의도가 도대체 얼마나 큰지는 서울 외 지역인들에게 아무래도 와닿지 않는다. 가보지 않은 이들에게는 아틀란티스만큼 추상적이다. 실제로 존재하나 누구에게나 공평하게 체감되진 않은 장소가 전국 공통 단위로 쓰이기에, 서울 외 지역에 사는 사람은 알지 않아도 되는 지역의 면적까지 알아야만 제대로 된 정보를 접할 수 있다.

말이든 사람이든 서울로

'말은 제주로 사람은 서울로'라는 말을 2022년 버전으로 만든다면 '말이든 사람이든 서울로'가 되지 않을까? 대한민국은 수도권에만 전체인구 50.4%가 모여 있다. 청년층은 더욱 심각하다. 2020년 통계청의 인구 이동 분석 결과, 2018년부터 3년간 19~39세 청년 10만 명 이상이 지방 광역시를 떠났다. 그럴 수밖에. 상위 20개 대학 중 17개가 수도권에 자리 잡고 있고, 전국 1000대 기업 약 74%가 수도권에 쏠려 있다. 배우고자 하는 이는 지역을 떠나면 돌아올 이유가 없다. 이런 수도권 집중 현상을 막겠다고 지자체도 나름의 답을 내보지만, 지역을 살리는 대책은 언제나 '관광'으로 제한된다. 수도권에서 많은 사람이 놀러 올 수 있도록 관광에만 목적을 두는 지역개발은 그 지역이 출생지이자 목적지인 이들을 소외시킨다. 관광의 가치조차 상실한 지역은 도로가 된다. 서울로 쉽게 가기 위해 터전을 뭉개고 터널과 도로를 뚫는다. 유명무실한 지역분권과 서울 경배로 인해 자연스레 서울은 승급의 도시로, 서울 외 지역은 좌천의 도시로 여겨진다. 이런 분위기 속에서 서울과 가까이 있지 않으면 안 된다는 공포감 또한 만연해진다. 그리고 그 두려움이 언어에 녹아든다. '인서울'과 '지잡대'가 그렇다. 보장됐다고 믿는 성공을 위해 '인서울' 하겠다고 학생이고 어른이고 할 것 없이 밤낮없이 노력한다. 자칫 삐끗하여 실패하면 '지잡대'로 떨어져서 인생에서 도태될 수 있다는 말을 아무렇지 않게 하면서 말이다. 서울 외 지역을 서울의 부속물쯤으로 생각하는 단어가 건재하다 못해 성행하는데도 "어쩔 수 없어. 현실이 그런데 어떡해"라고 말한다면 그런 현실에 동조한 사람만 되는 게 아닌가.

　서울과 서울 외 지역을 나누는 마음속의 해발을 평평하게 고르자. 오로지 물리적 층고만이 오르고 내리는 기준이 되도록 언어를 고치고 바로 잡을 필요가 있다. 그저 서울을 우뚝 선 중심으로 여기고 당연하게 사용하던 단어를 고쳐나간다면, 어느 지역도 더는 위나 아래에서 서로를 올려다보거나 내려다보지 않고 마주 보는 일이 가능해지지

않을까? 땅은 날 때부터 우열이나 경계가 있지 않았다. 언어와 행동을 통해 우열은 매긴 이는 인간이다. 한반도의 경계를 허상의 선으로 여덟 조각 낸 이가 인간이라면, 인간이 다시 아물게 할 수도 있다. 다시 평등한 하나로, 아물게 할 수 있다.

성적 수치심을
느꼈냐고 물으신다면

꼭 '수치'스러워야 할 이유가 있나요?

돈을 도둑맞아 얼굴을 붉히는 사람을 본다면, 제3자는 그의 얼굴에서 '분노'를 읽을 것이다. 하지만 '성'을 도둑맞아 성범죄를 당해 얼굴을 붉히는 사람을 볼 때는 대부분 그 붉음에서 '수치'를 읽는다. 수치란 무엇인가. 남의 실책이나 잘못을 부끄러워하는 게 아닌 '스스로'를 부끄러워하는 마음을 뜻한다. 절도나 폭행 같은 범죄와 달리, 오직 성범죄만이 여러 감정 중에 수치심만 콕 집어 피해자에게 물어본다. 그래서 당신은 수치스러웠습니까?

2020년 8월 한겨레 신문에서 인터뷰한 기사[14]에 따르면, 한 20대 중반 여성이 늦은 밤 길거리에서 강제추행을 당했으나 피해자 조사를 받으러 경찰에 출석했다가 이런 질문을 들었다고 한다.

"성적 수치심을 느끼셨습니까?"

그는 아무리 생각해도 자신이 느낀 감정이 수치심이 아니라 분노에 가까웠다고 말했다. 하지만 대법원이 판단

---

14 석진희, 〈"성적 수치심, 안 느꼈는데요? '성적 빡치심'을 느꼈어요"〉, 한겨레신문, 2020년 8월 15일자

한 '추행'의 의미는 '일반인에게 성적 수치심이나 혐오감을 일으키는 신체접촉'이다. 그는 성적 '수치심'을 느끼지 않았다고 대답하면 불리할 수 있다는 걸 알면서도 정직하게 대답했다. 결국 사건은 증거불충분으로 기소되지 않았다.

주변에 전세 보증금을 홀라당 사기당했던 지인이나 보이스피싱에 낚인 이들은 대부분 상대를 죽일 듯이 미워하거나, 하필 내가 당했다는 사실에 불쾌해하거나, 앞으로 있을 미래에 대한 공포를 느꼈다. 물론 "내가 이런 사기에 당했다니" 하는 부끄러움 한 스푼 정도 있었을지도 모르지만, 수치심의 유무가 피해를 입증하지는 않았다. 부끄러움보다 다른 감정이 더 크더라도, 결국 잘못이 상대에게 있다는 걸 알기 때문이다. 그래서 우리는 어느 정도의 공감 능력만 있다면 피해자에게 부끄러움을 강요하지 않는다. 왜, 그런 허술한 사기에 당했냐고 묻기보다 우선해야 할 일은 피해자에 대한 보호와 가해자에 대한 처벌이니까.

그렇다면 다시 궁금해진다. 왜 유독 성범죄에서는 피해자의 많은 피해감정 중 '수치심'이 대표적으로 여겨질까? 피해자가 느낄 수 있는 감정은 많다. 분노, 역함, 슬픔,

고통, 그 모든 감정을 단지 '수치심'으로 치환하기에는 단어가 심각하게 협소하다. 차라리 불쾌라고 하는 편이 피해자가 느낀 감정이 죄다 부정적인 정서를 공유한다는 측면에서 적절해 보인다. 화나서 눈을 똑바로 뜨고 상대를 죽일 듯이 노려보며 씩씩대는 피해자가 성적 수치심을 느끼지 않아 보여서 피해 사실을 없애버린다면, 이는 피해자가 느껴도 되는 감정을 제한하는 일에 불과하다.

그렇다면 또다시 궁금해진다. 왜 감정을 제한하는 걸까? 왜 하필, 수치일까? 폭행, 절도, 사기를 당한 피해자와 성범죄 피해자는 무엇이 다른가?

은장도가 향해야 하는 곳

일제강점기 시대의 소설에서 순결을 잃은 여성이 자결하는 장면이 등장한 이후, 조선시대를 배경으로 한 사극에도 이런 장면이 심심치 않게 나온다. 한밤중에 괴한이 들어와 여성을 겁탈하려고 한다. 그 순간 여성이 자신의 저고리

품속에서 반짝 빛나는 무언가를 꺼낸다. 바로 은장도이다. 눈물을 흘리며 순결을 잃느니 차라리 죽어버리겠다는 여성의 모습이 창작자의 손길을 거쳐 전파를 통해 나에게 닿았을 때, 의문이 들었다. 저걸 왜 자기 목에 가져다 대는 거지? 순결을 잃는 게 무섭기 때문일까. 죽음보다 더?

그 순결은 21세기에 '성적 수치심'과 연결된다. 현대 사회에서도 피해자의 은장도가 본인의 목이 아닌, 가해자를 향한 분노로 바뀌어 적의를 여과 없이 드러낼 때 피해자가 피해자답지 않다는 소리를 듣기 때문이다. 그렇게 피해당할 만한 이유를 찾고자 복장을 문제 삼고, 돌아다닌 시간, 장소, 무방비했던 상태를 지적한다. 하지만 자기통제 실패에 대한 부끄러움은 전적으로 가해자의 몫이어야 한다. 그런데도 제 잘못을 반성해야 하는 가해자가 아닌, 얼결에 재난에 휩쓸려버린 피해자의 감정을 대표하는 단어로 '수치심'을 쓰는 게 옳을까? 아직도 우리 사회 속 성범죄 피해자는 일제시대 작품 속 정조를 지키겠다고 은장도를 제 목에 들이대며 눈물만 뚝뚝 흘리는 그 여인의 모습에 머물러 있다.

피해자에게 수치를 강요하는 사회에서 가해자의 성범죄는 점점 은폐된다. 성(性)을 대놓고 말하기 부끄럽다는 사회 분위기 탓에 범죄자의 행위 또한 숨겨지는 것이다. 이따금 뉴스기사에서 "20대 여성에게 '몹쓸 짓'을 한 남성"이라는 헤드라인을 볼 때면, 도대체 이 '몹쓸 짓'이 그래서 무엇인지 정확히 알 수가 없다. 아무도 사기 범죄에 대해서는 "20대 청년의 전세 보증금 노리는 '뒤통수' 성행" 따위로 축소 보도하지 않으면서 유독 성에 관련된 문제만이 '추문'이라느니, '몹쓸 행동'이라느니 하는 말로 가해 행위의 정확한 실체를 밝히지 않는다. 성 자체를 부끄러워하고 피해자에게 부끄러움을 종용하는 사회 분위기가, 오히려 피해자를 사각지대로 내몰고 가해자를 감싸고 있다.

수치심은 피해자가 아니라 가해자의 몫

2022년 7월 4일, 대법원 양형위원회는 법관이 형을 정함에 있어 참고하는 기준인 양형기준의 양형인자에서 '성적 수치심'이라는 표현을 '성적 불쾌감'으로 변경하기로 결정했다. 그 이유로 "범죄의 피해자가 실제로 갖게 되는 피해 감정을 고려했"으며, "성적 수치심이라는 용어는 과거의 정조 관념에 바탕을 두고 있고, 마치 성범죄의 피해자가 부끄럽고 창피한 마음을 가져야만 한다는 잘못된 인식을 줄 수 있어 적절하지 않다"고 밝혔다.

수치심을 느낄 수도 있다는 생각과 수치심을 무조건 느껴야 한다는 생각은 다르다. 누군가는 자신의 성적 자기결정권을 빼앗아간 이에게 죽일듯한 분노와 원망을 느낄 수도 있고, 그 사이를 방황하는 불같은 감정을 느낄 수도 있다. 어떤 피해자는 단 한 순간도 위축되거나 눈물짓지 않고, 고개를 꼿꼿이 치켜든 채로 단 한 치의 부끄러움 없이 가해자를 향해 당신의 행동이 부끄럽지 않냐고 외칠 수 있다. 이는 딱히 이상한 일이 아니다. 잘 생각해보면 도리어 당연한 일이다. 사실 우리는 피해자보단 가해자를 향해 물어야 한다.

"당신의 잘못이 수치스럽지 않습니까?"

피해자와 가해자 중 꼭 누군가가 수치심을 느껴야 한

다면, 그건 당연히 잘못된 범죄를 저지른 가해자여야 하니까. 그렇다면 수치만큼이나 피해자와 어울리지 않는 단어가 있을까? 이제는 질문의 방향을 바꿔야 할 때이다.

Q. 다음 중 피해자의 얼굴을 고르세요

A. 정답은 "모두" 될 수 있습니다

3장

이제는 불편하고
불쾌한 칭찬들

지잡대생 치고
좋은 데 가셨네요

차별과 칭찬을 동시에 할 수 있나요?

흔히 명문대라 일컫는 대학교 익명 커뮤니티를 보면 이런 글이 심심찮게 있다.

"학창 시절에 열심히 노력한 명문대생과 대충한 '지잡대생'이 같은 대우를 받는 건 공정하지 않다."

그러므로 블라인드 채용 및 지역인재 선발제도는 '역차별'이란 말도 따라온다. 명백히 서울 외 지역의 대학을 무시하는 발언이니 반발할 만도 한데, 서울 외 지역 대학 커뮤니티의 일부 학생들은 자조하듯 스스로 '지잡대생'이라고 지칭하며 학벌 만능주의에 화력을 보태고 있다. 점점 뜨거워지는 열기에 화룡점정을 찍은 것은 교육부였다. 2021년 6월 교육부는 '차별금지법안'의 차별금지 항목에서 '학력'이 삭제된 수정안을 건의했다. 즉 누구든지 생활 속에서 차별받지 않아야 하는 항목을 정하는데, 거기에 학력은 해당하지 않는다는 주장이었다. 교육부는 '학력' 조항 삭제에 대한 수정 이유로 다음과 같은 말을 덧붙였다.

'학력'은 성, 연령, 국적, 장애 등과 같이 통상 선천적으로 결정되는 부분이 아니라, 개인의 선택과 노력에 따라 상당 부분 성취의 정도가 달라진다는 점에서 합리적 차별 요소로 보는 경향이 강하고 (…) 학력에 의한 차별을 법률로 규제할 경우 과도한 규제라는 주장이 제기될 수 있음.

여기서 '합리적 차별 요소'라는 말이 눈에 띈다. 정말 학력은 합리적인 차별일까?

개천에는 용보다 도마뱀이 많다

어른들은 누구나 엉덩이 힘만 있으면 명문대를 진학할 수 있다고 말하지만 지표는 그렇지 않다. 2016년 경기도교육청과 경기도교육연구원 교통통계센터가 발표한 '통계로 보는 교육정책'에 따르면 소득이 낮은 가구의 자녀보다 소득이 높은 가구의 자녀가 받은 수능 점수가 평균 43.42점이 더 높으며 특히 외국어 영역에서 차이가 크다는 결과를 발표했다. 이는 학생의 고득점에 보호자의 사교육 지원이 유의미하다고 해석할 수 있다. 즉 오래 앉을 수 있는 엉덩이 힘보단 푹신한 고가의 의자에 앉았느냐, 찹찹한 맨바닥에 앉았느냐가 성적 차이를 나타내는 것이다.

물론 항간에는 개천에서 나는 용도 있다. 하지만 아주 극소수에 불과하다. 여전히 개천에는 용보단 도마뱀이 많은데 개천의 도마뱀에게 "왜 누구나 노력하면 할 수 있는데 너는 승천하지 못했냐?"라고 구박하는 건 동기부여가 아니라 모욕과 기만에 가깝지 않을까? 그러니 고졸만 해도 잘 먹고 잘 살 수 있게 만들겠다며 온갖 고졸 취업 지원책을 내놓던 교육부에서 '학력을 이유로 한 차별'이 합리적이란 발언은 국가 판 '지킬 앤 하이드'의 재림 수준이다. 어쩔 수 없다. 서로 싸우기 위해 상대의 발언을 '중졸' 수준이라 하지 않나, '가방끈'을 운운하며 상대를 비난하고 보이지도 않는 가방끈의 길이조차 조작하는 이들의 수준에서 나온 정책이 아닌가.

정책뿐만이 아니다. 우리 사회 일부는 학벌주의가 사라지면 더는 공부할 이유가 없어질 거라 주장한다. 하지만 이는 명문대를 무덤 삼아 우월감은 누리고 싶으나 더는 발전하고 싶지 않은 자들의 희망 사항일 뿐이다.

대형마트의 수산물 코너에 가면 온갖 생물들이 죽었거나 혹은 죽을 예정인 상태에 놓여 있다. 이들은 전부 자신의 '원산지'를 뽐낸다. 노르웨이산, 미국산, 국내산 등 각자 생의 마감 장소를 외치며 언젠가 팔리기만을 기다린다. 앞으로 헤엄쳐 나아가기를 포기한 생선은 내세울 게 과거밖에 없다. 졸업장을 원산지 스티커처럼 제 몸에 착 붙이고 어린 시절의 결과에 묶여 있는 학벌주의자들은 매대 위의 생선과 다른 게 무엇일까. 한 시절의 성적, 한 번의 시험 결과를 제 몸에 찰싹 붙이며 평생 대접받고 싶어 하는 이들이 자랑할 게 원산지밖에 없는 생선들과 다를 게 무엇인가.

나는 살아 있는 생선의 원산지를 본 적이 없다. 꾸준히 발전하며 꼬리를 움직여 나아갈 이들은 얽매일 종착역이 없으며, 자신이 어디를 거쳐왔는지는 딱히 중요하지 않다. 그들에게는 앞으로 나아갈 곳이 더 중요하다. 그러니 원산지에 얽매여 잘 팔린다는 우월감에 취해 있을 시간이 없다. 명문대라는 타이틀에 집착하지 않아도 공부를 동력 삼아 자가 발전을 하는 사람은 여전히 있다. 공부할 이유는 사라지지 않는다.

아직도 많은 사람이 "좋은 대학을 가야 노는 물이 달라진다"라고 말하며 '인서울'과 '지잡대'를 나누고, 각 대학의 수질 등급 나누기에 급급하다. 노는 물을 중요시하는 이들에게 대학은 지적 탐구를 위한 장이 아닌 인생의 승자와 패자를 선발하는 콜로세움에 불과하다. 고작 10대를 갈무리하는 이른 시기에 최후의 최후까지 살아남은 극소수만이 인생의 승리자로 평생 명예로울 자격을 얻으며, 패배자는 '영원히 노력하지 않을 자'라는 오명을 쓴다. 이후 패자는 다시 도전하게 되더라도 '10대에 노력하지 않은 사람'이라는 꼬리표를 떼어내기 쉽지 않다. 혹여나 경쟁에서 좋은 결과를 선점하더라도 "고졸 혹은 지방대 치고 잘하셨네요"라는 말을 억울한 칭찬으로 삼켜야 한다. 단지 대물림

되는 기준이 '피'가 아닐 뿐이지 신분제 사회와 다를 게 뭘까. 아무래도 이게 누구나 살기 좋은 사회라고 보기에는 어렵다.

좋은 사회란 자신의 출신을 묘비명처럼 세워둔 채 서로의 원산지를 헐뜯으며 낄낄대는 죽은 생선들의 나라가 아닌, 서로 간 수질 따위를 따지지 않고 함께 같은 선상에서 살아갈 수 있는 드넓은 바다에 가깝지 않을까. 그리하여 오션뷰를 앞에 두고 살고픈 이가 말한다.

곳곳에 썩은 비린내를 풍기지 않기 위해서, 지금이야 말로 우리에게 바다 같은 포용력이 필요하다고.

모든 이야기는 결말이 중요하다

남자답지 않게
참 섬세하시네요

여성적, 남성적? 성별을 넘어 사람을 봅시다

한 인간은 영화처럼 탄생한다. 의사는 그에게 성(sex)을 알려주고, 사회는 성별에 맞는 배역을 준다. 우리는 이 배역을 사회적 성, 젠더(gender)라고 부른다. 어느 영화가 그러하듯 꼭 자동차는 주인공이 탈출하자마자 폭발하고, 악당은 꼭 주인공을 죽이기 직전에 설명을 늘어놓다가 반격을 당하고, 어렵게 해치운 악당이라도 주인공의 "해치웠나?" 한마디면 언젠가 저놈이 후속편에 나오겠구나 짐작하게 되듯이 성별에도 클리셰가 존재한다. 남자는 호탕하며 여자는 섬세하고, 남자는 이성적이지만 여자는 감정적이며, 짧은 머리와 다부진 몸과 굵은 턱선, 진한 눈썹 등은 남성적 매력이고 긴 머리와 가녀린 몸, 갸름한 턱, 부드러운 인상 등은 여성적 매력이라는 성별 클리셰는 어느새 사회가 합의한 규칙과 공식이 되어 인간이라는 영화에 지대한 영향을 끼치고 있다. 하지만 모든 영화가 클리셰를 따르지는 않는다.

남자다운 것, 여자다운 것

나는 오늘 여자일까? 물론 방금 태어난 사람은 아니지만, 가끔 이런 질문을 떠올린다. 몇 년 만에 우연히 만난 지인에게 다음과 같은 말을 듣고 난 뒤 생겨난 궁금증이다.

"너 되게 여성스러워졌다!"

여성스러워졌다. 구체적으로 어디가, 어떻게? 나는 태어나서부터 몇 년 전에도, 어제도 오늘도 여성이다. 그렇다면 그가 말한 '여성'은 당연하게도 생물학적 정의가 아니겠다. 게다가 이 사람은 '그런 성질이 있다'는 뜻을 가진 접사인 '-스럽다'를 썼으므로, 이 말은 내가 과거보다 '여성'에 한 발짝 더 가까워졌다는 말이다. 그렇다면 그건 의사가 명명하고 법과 사회가 선고한 여성이라 해도, 앞으로 '더 여성이 될 여지는 있다'라는 말처럼 들린다. 여기서 '여성'은 사회적 이상향, 바로 '지향점'이다. 그렇다면 무엇이, 어느 지점에서 나를 지인의 기대에 부응하는 '여성'으로 보이게 했을까? 여성이란 단어와 얽매였던 기억을 짚어보며 다시 질문한다. 여성이란 무엇인가.

탄생부터 털북숭이였던 나는 보호자가 보기에 분명 고추가 달렸을 인상이었다고 했다. 딱 봐도 장군감이었다고. 하지만 아쉽게도 아니었다. 그냥 털이 많은 여자애였다. 자라면서도 마찬가지였다. 대충 두 발로 걷기 시작할 무렵부터, 나는 가지런히 걷지 못하고 꼭 팔자로 뒤뚱뒤뚱 걸었다. 양반걸음도 아주 그런 양반이 없었다. 나와 나를 보고 배운 남동생, 그리고 내가 보고 배운 아버지랑 셋이서 함께 걸어가는 모습을 정면에서 직관할 때면 셋 다 신발의 앞코보단 발목의 봉숭아 뼈가 먼저 보였다. 우습게 걷는 꼴은 똑같은데 지적은 항상 나만 받았다.

"가시나는 그래 걸으면 안 된다. 퍼뜩 고쳐 걸어라."

차라리 누군가 내게 계속 그렇게 걷다가는 언젠가 척추 요정이 네 5번 척추를 6번으로 만들어버린다고 경고했다면 꽤 효과가 있었을지도 모른다. 하지만 '여자'가 그러면 안 된다는 말은 효과가 미미했다. 정말 걸음이 성별로 나뉘는 거라면 애초에 죽어도 여자는 팔자로 못 걷게 태어나야 하는 거 아니겠어요? 그런 말을 듣고서 괜한 반발심리로 걸음걸이를 고치지 않은 바람에, 나는 척추와 고관절

이 울고 갈 맹랑한 죄인으로 자랐다.

이 죄인은 시간이 지나 문학을 좋아하는 학생이 되었다. 물론 좋아한다고 성적이 따라오지는 않았다. 국어 시험에 시가 자주 나왔고, 나는 화자의 어조가 무엇이냐 묻는 2점짜리 문제를 자주 틀리곤 했다. 사실 말투 따위에서 성별을 어떻게 찾는지 이해가 되지 않았다. 학교에서는 김소월의 〈진달래꽃〉과 한용운의 〈님의 침묵〉이 여성적 어조라고 가르쳤다. 그런데 아무리 봐도 나 보기가 역겨워 가실 때에는 말없이 고이 보내 드리겠다는 이와, 님이 갔음에도 차마 님을 떠나보내지 못해 곡조를 남기는 이들 모두, 시 어느 부분에도 여자라는 말은 없었다. 그래도 선생님은 가르쳤다. 직접적인 말은 없어도, '뉘앙스'가 여자라고. 상대방에게 높임말을 쓰면서 부드럽고 섬세하게 말하니까 이들은 '여자'일 거라고. 헷갈리면 이육사의 시를 보렴. 단호하고, 기백 있게 신념을 말하잖니. 이런 게 남성적 어조란다. 나는 더욱 미궁에 빠졌다.

김소월, 한용운, 이육사는 모두 남자인데? 작가가 남자라고 여자 화자를 두지 않으리란 법은 없지만, 그리 따지면 저는 지금 선생님에게 말하는 이 순간 남자가 되고 있어요! 제 씩씩한 목소리에서 기개가 느껴지지 않나요? 이런 말은 속으로나 생각했다. 반발하자니 앞으로 풀 문제가 더 많았고, 이건 점수를 거저 주는 2점짜리 문제였으니까. 이미 사회적으로 합의된 당연한 2점짜리 문제를 빨리 풀어야 3점과 4점짜리를 풀 수 있었기에 그 후로 누군가 내게 어조 문제를 물을 때면, 나는 '대충 외워'라고 답했다. 누가 그래? 몰라. 어른들이, 어른들이 그렇대.

성별이 아니라 성격이 다른 것이다

지나간 기억을 더듬어보니 알겠다. '여성스럽다'라는 지인의 말에 썩 유쾌하지 않았던 이유를 말이다. 누군가 당신에게 상냥하다면, 그건 그가 여자이기 때문이 아니라 당신을 아끼기 때문이다. 상냥한 정도가 다를 수는 있으나, 그 차이는 성별이 아니라 성격에서 온다. 허리춤까지 오던 머리를 아주 짧게 자른다고 남자가 되겠다는 게 아니다. 그 말대로라면 성별은 미용실이나 옷가게, 약국에서 구매할 수 있는 게 되지 않겠는가. 그런데도 우리는 찰나에 태어난 성별과 엮어, 긴 생을 살아온 상대를 이해하고자 한다.

하지만 누군가 가진 소신, 취향 그리고 외향 등은 태어날 때부터 정해져 있지 않다. 오히려 살아가며 만들어진 결과이다. 그러다 보니 사회의 성별 클리셰를 무참히 부숴버리는 인간은 항상 존재해왔다. 그것도 아주 많이. 그 말은 인간의 어떠한 결정도 성별과는 무관하며, 동시에 인간이란 영화를 클리셰로만 해석하기에는 한계가 있다는 게 아닐까. 수많은 예외사항을 외면하며 당연하다고 믿어온 '남자다운, 여자다운'이란 공식에 오류가 생겼다면 문제에 답을 끼워 맞출 게 아니라, 이젠 그 2점짜리 문제를 다시 증명해야 할 때가 온 것이다.

사투리 쓰는 거
정말 귀엽지 않아요?

고쳐야 하는 건 방언이 아닌 이런 생각

부산 사람인 나는 살면서 단 한 번도, TV 속 사람들과 다른 말을 쓴다고 생각해본 적이 없었다. 나는 그들의 말을 다 알아들었기 때문이다. 일상 대화에서 쓰는 말과는 조금 달랐지만 불편할 게 없었다. 가족이 함께 드라마를 볼 때 드라마 속 등장인물이 "너 진짜 어리버리하네"라는 대사에 안방 1열의 엄마도 "맞다, 점마 진짜 삐리하네"라고 맞장구를 치곤 했으니까. 우리의 '삐리'와 저들의 '어리바리'는 대충 같은 의미구나 싶었다.

세상에 같은 뜻을 공유하는 다른 말이 얼마나 많은가. '새초롬하다', '새침하다', '쌀쌀맞다'가 그러하고 '노랗다', '노르스름하다', '노르스레하다', '누르스름하다'가 그러하다. 모두 정도만 다를 뿐 같은 맥락을 공유한다. 그래서 나는 TV 속 사람들을 만나도 분명 별 무리 없이 대화할 수 있으리라 믿어 의심치 않았다. 그러다가 내가 쓰는 말이 표준이 아닐 수 있다는 걸, 대학교 신입생 술자리에서 처음 느꼈다. 초면인 다수가 함께 모인 테이블에서 한 선배가 내게 이렇게 말했다.

"여기 부산 사람이 있다던데?"

"네. 전데요."

"그럼 너네 오빠 부를 때 진짜 '오빠야~'라고 해?"

음, 글쎄요. 모르겠는걸요. 나는 여중, 여고를 졸업했고 손위에 형제도 없으며 한 번도 삶에서 여동생 포지션이었던 적이 없는 장녀였기에 생활에서 오빠를 부를 일이 없었다. 원래 호칭이라는 게 자주 써본 사람이 잘 알기 마련인데 써보지 않아서 어색한 내가 뭐라 말할 수 있겠는가. 게다가 지금 서울, 강원, 경북, 경남, 부산, 제주 사람이 골고루 앉아 술을 마시는 이 테이블에서 딱 집어서 부산만? "제가 오빠가 없어서요. 불러본 적 없어서 모르겠네요"라고 말하자 "그럼 그냥 있다고 생각하고 한번 편하게 불러봐. 뭐라고 불러?"라고 응하는 걸 보며 이 사람의 지적 호기심은 참 무례하구나 싶었다. 그러다 문득 인터넷에서 본 글 하나가 생각났다.

부산 여자는 전부 귀여운 것 같아. 특히 '오빠'를 부를 때 '오빠야~'라고 하는데 그게 진짜 귀엽더라.

드러누워 그 글을 볼 때는 "그런 아도 있고, 아닌 아도 있지"라며 심드렁하게 넘기고 말았는데, 세상에 이런 걸 정말로 시키는 사람이 있다니. 서울 토박이라서 한 번도 못 들어봤다고, 정말로 궁금하다는 상대와 모두의 시선이 내게 집중된 상황에서 나는 오빠든 아빠든 나부랭이든 뭔 말이라도 내뱉어야 했다.

스무 살의 나는 찰나의 시간 동안 속으로 함께 동고동락했던 여중 여고 동창들의 빅데이터를 모으고 모았다. 과거 친구들이 친오빠, 남의 오빠, 이웃 오빠 등등 온갖 오빠를 불렀던 기억을 더듬다보니, 중학교 친구이자 PC방 메이트였던 친구가 생각났다. 교복 치마에 체육복 바지를 겹쳐 입던 김 모 씨는 털털했고 항상 제 오빠랑 둘이 죽일 듯이 노려보고 싸워댔다. 둘의 사이가 참 어마어마했었는데, 걔가 그때 자기 오빠를 뭐라고 불렀더라. 나는 원활한 재연을 위해 두 눈썹이 아주 일자가 될 기세로 미간을 잔뜩 구겼다. 그리고 원래도 중저음이지만 더 내리깐 목소리로.

"햄아."

"응?"

"햄아요. 행님아. 보통 이카는데요."

그의 반응은 영 미적지근했다. 아무래도 그가 기대한 답은 아니었나 보다. 나는 후에 다양한 사람들을 만나면서 오빠라는 말을 별 무리 없이 내뱉는 사람이 되었지만, 요즘 내가 편하게 쓰는 '오빠'와 그가 시켰던 '오빠야'는 달랐다. 분명, 다른 의도였다.

사투리 쓰는 재벌 2세 주인공은 왜 없을까?

땅덩어리가 무슨 대단한 힘이 있어 태생부터 성격까지 점지해주는지 몰라도, 사람 평가에 있어 지역맹신론은 아직도 건재하다. 그럼 이런 편견이 건재한 이유는 뭘까? 왜 부산 사람인 나는 서울말을 이해하는 데 무리가 없는데, 왜 서울 사람들은 지역 방언이 익숙하지 않은 걸까?

이건 미디어가 사투리를 소비하는 방식에서 답을 찾을 수 있다. 내가 보고 자란 뉴스며 예능, 어린이 프로그램까지 TV 속 사람들은 대부분 서울말을 구사했다. 물론 간혹 사투리를 쓰는 사람이 있었지만 그들은 아주 소수였다. 심지어 그 소수는 대부분 이런 역할을 맡았다. 남자라면 조폭이거나 건달이었고 촌스럽거나 아주 모자란 연기를 했다. 여자라면 억척스럽거나 드센, 혹은 가끔 애교의 수단으로 사투리를 이용하는 정도였다. 영화 〈신세계〉의 '정청'처럼 말하는 엘리트 의사, 냉철한 본부장, 재벌 2세는 보기 힘들었다. 이처럼 사투리는 한정된 이미지로만 계속 소비되어 왔다. 누군가는 방언이 미디어에 자주 노출되는 것만으로도 사람들에게 친숙한 이미지를 주기 때문에 긍정적으로 보아야 한다고 했지만, 특정 이미지만 콕 집어서 계속 노출한다면 그저 편견을 만들어줄 뿐이다. 방언에 대한 대중의 접근성은 낮출지언정 표준어와 방언 사이의 벽은 더 두꺼워지는 것이다.

드라마 〈응답하라 1994〉에서 경상도 남자로 대표되는 '쓰레기'는 주인공과 티격태격하는 츤데레로 서울 남자 '칠봉이'는 상냥하고 자상한 순정남으로 묘사되는 일 또한 마찬가지다. 백번 양보하여 이 작품에서만 부산 남자가 츤데레로 묘사되었다면 이 작품만의 독특함이겠지만 츤데레를 대표하는 말로 유명한 "오다 주웠다" 또한 경상도 사투리였다는 걸 생각해본다면, 이는 미디어가 방언에 대한 편견을 조성한다고 볼 수 있다.

이처럼 편향된 미디어에 꾸준히 노출된 사람들은 어떻게 생각하고 있을까? 2020년 국립국어원이 조사한 '국민 언어 의식 조사'에 따르면 표준어와 지역 방언을 '때와 장소에 따라 구분하여 사용하는 것이 바람직하다'는 응답이 1위(40.6%)로 2010년 이후에 꾸준히 증가 중이며, '어느 것을 써도 무방하다'는 응답은 2015년 31.4%에서 2020년 15.9%로 감소하였고, '방언은 가능하면 쓰지 않는 것이 바람직하다'는 응답은 2015년 19.0%에서 2020년 26.9%로 증가하였다.

방언에 대한 미디어의 언급은 많아졌을지 몰라도 묘사의 폭은 한없이 좁다. 그래서 수도권에서 거주하는 이들 중 방언을 쓰는 사람들은 사기 시억 사투리를 쓴다고 느리거나, 억척스럽거나, 사납고 촌스러워 보이지 않기 위해 고향의 말투를 고치려는 경향을 보인다. 만약 언어가 복장이라면 서울말은 사적이든 공적이든 어디든 입고 갈 수 있지만, 방언은 일상복도 아닌 어쩌다 입어볼 수 있는 이벤트

용 복장쯤으로 치부되는 기분이다. 아무리 방언이 친근해도 공적인 자리에서는 "그런 누추한 옷으로 이런 귀한 곳을 오시게요?"라고 말하는 듯한 사회적 인식에 문전박대를 당할 뿐이다.

서울 외 지역 출신의 취업 준비생들은 면접 대비 스피치 학원에서 사투리를 고치고자 사투리 교정 반에 들어간다고 한다. 이는 사투리 자체가 면접에 전문성이 떨어지는 부정적인 인식을 줄 수 있기 때문이란다.[10] 일상생활에서도 마찬가지다. 서울에 오래 살았지만, 아직 사투리를 '고치지 못한' 사람들은 어디를 가든 연구대상이 된다. "너는 서울에 산 지 몇 년인데 아직도 사투리를 못 고쳤냐"라는 말은 기본이고 특정 발음을 해보라고 요구하거나 진지한 발표 중에도 내용과 상관없이 발표자의 억양과 발음 때문에 킥킥대거나 집중을 못 하겠다는 발언을 저항 없이 내뱉는다.

---

10 김채현, 〈"취업 위해 사투리 교정…500만 원 썼습니다"〉, 서울신문, 2021년 3월 27일자

이런 현상은 단순히 낯설기 때문만은 아니다. 만일 이 나라 모든 방언이 '표준'이라면 낯선 말을 들었을 때 낯선 이유를 자기 지식에서 찾으며 생활이나 소통에 개의치 않는 단순 차이로 여기겠지만, 서울말에만 표준이란 기준을 주었기에 서울말만 정답이고 다른 언어는 모두 오답으로 간주한다. 이러한 논리라면 서울 외 지역 사람을 지적하는 게 이상하지 않다. "넌 틀렸으니까, 고치라고 말하는 건데 왜?" 새삼 서울말 또한 서울이란 지역의 사투리라 볼 수 있을 텐데, 서울 공화국에서 지역 방언은 그저 사파가 된다. 하지만 대한민국에 서울만 있는 건 아니지 않은가. 그렇다면 배보다 큰 배꼽을 보고 어떻게 '표준'이라 말할 수 있을까.

서울에 처음 상경했을 때 나도 들은 말은 많았다.

"택시를 타서 사투리를 쓰면 빙 돌아간다더라."

"서울 애들은 다 깍쟁이래. 조심해라, 눈 감으면 코 베어 간다."

하지만 지내다 보니 그렇지 않았다. 택시는 내비게이션대로 가고 서울 깍쟁이는 서울 살아서가 아니라 그냥 걔가 깍쟁이였고, 눈을 뜨나 감으나 코 베어 갈 놈은 어떻게

서든 베어 갈 놈이었다. 그리고 나쁜 사람보다 인정 넘치고 수더분한 사람이 더 많았다. 나를 걱정하는 안부 전화는 02로 시작하든 051로 시작하든, 그가 수화기 건너편에서 "밥 먹었어?"라고 하든 "밥 뭇나?"라고 하든 전해지는 감정의 온도는 똑같이 따뜻했다.

말의 낯에 가려 온도를 잊는 순간, 우리는 서로를 영원히 오해하게 될 수도 있다. 그러니 부디 서로를 오해하지 않기 위해, 어떤 이에게는 방언도 제 인생에 표준이 될 수 있다는 이해심을 모두가 갖길 바란다. 세상에 고쳐야 하는 고장 난 말은 없다. 그저 고장 난 생각만 있을 뿐이다.

사회복지사요?
좋은 일 하시네요

좋은 일 아니고 필요한 일입니다

이상하다. 교무실 쓰레기통에 쓰레기가 쌓이지 않는다. 알고 보니 1학년 4반의 은하가 점심시간마다 치우기 때문이었다. 물론 은하가 자발적으로 봉사한 건 아니고, 선생님이 부탁했다고 한다. 은하의 담임선생님은 은하에게 청소 시간마다 '교무실 분리수거'를 해달라고 지시했다. 종이치고 청소 시간이 되면 같은 반 아이들은 어디선가 복도나 계단, 창틀을 청소하는 동안 은하는 교무실로 와서 분리수거를 했다. 그것도 아주 꼼꼼하게 잘했다. 교무실 쓰레기통이 차오르는 패턴을 분석하기라도 한 것인지, 플라스틱, 페트병, 종이류, 일반 쓰레기 중 어느 하나라도 역류하려는 기색을 조금이라도 보이면 바로 그럴 줄 알았다는 듯이 나타나 깔끔하게 정리해두었다.

비닐 라벨지를 떼어내지 않고 버린 페트병이나 잘못 분류한 쓰레기도 제대로 척척 분류하여 버렸다. 청소 시간에 자기 구역 청소하기. 단지 그뿐이었지만 이 일로 인해 행복해진 사람은 한둘이 아니었다. 전 교사가 돌아가며 주번을 맡을 때마다 은하 덕에 분리수거는 크게 신경 쓰지 않아도 되니 업무가 줄었다고 말했다. 은하가 그 일을 맡고

난 뒤로 더는 전날 쓰레기 과다복용으로 널브러진 통들을 보지 않아도 됐다. 은하의 한결같고 꼼꼼한 청소에 감동한 선생님 몇 분은 이런 감탄사를 뱉었다.

"아이고, 은하 정말 착하구나!"

착하다, 착하다, 착하다. 이 말이 최선일까?

착하다는 말을 왜 거기에 붙여요?

선하네. 착하네. 좋은 사람이네. 이건 분명 칭찬이다. 하지만 인성을 뜻하는 단어는 누울 자리를 잘 보고 누워야 한다. 행선지를 잘못 설정하여 엉뚱한 데 붙으면 의미가 변질된다. 예를 들어 '열정'이라는 말이 '페이'에 붙거나, '착하다'는 말이 '사회복지사'에 붙는다면 이때부터 단어는 원래 의미와 달라진다.

잘못된 수식어는 단어를 잡아먹는다. 대표적으로 '백의의 천사'가 그랬다. 희생정신으로 온화하게 항시 미소만 짓는 모습이 떠오르는 이 호칭은 간호사라는 직업을 마치 성스러운 일처럼 표현하며 해당 직업을 '노동'의 범주가 아닌 '봉사'의 범주에 끼워 넣었다.

사명감이 필요한 직업이지만, 사명감만 필요한 직업은 아니다. 유급 노동을 봉사의 범주로 끼워 넣자 노동자로서 받아야 할 권리는 모두, 배부른 소리가 됐다. 본디 노동은 응당한 대가와 휴식시간을 보장받아야 하지만 이를 주장하면 사치가 됐고 전문성을 갖춘 의료인에 대한 호칭 또한 '아가씨', '저기', '어이', '아줌마' 정도로 격하됐다. 간호사라는 직종에 이모저모를 제쳐두고 성직관(聖職觀)만이 부각되는 수식어로 인해 고된 환경 속에서도 인내하는 천사 혹은 봉사자의 이미지가 더 추앙되어 노동자로서의 노고가 '백의의 천사'라는 호칭 뒤로 사라진 것이다. 그리하여 얼마나 의료 업무를 전문적으로 수행하느냐가 아닌 '친절'이 간호사의 최고 덕목이 되었을 때, 이들은 전문직이 아닌 서비스업에 가까운 이미지로 대중에게 자리 잡게 되었다.

이는 사회복지사도 마찬가지이다. 누군가 "저는 사회복지사로 일하고 있습니다"라고 말했을 때, 흔히 사람들은

"참 좋은 일 하시네요"라고 말한다. 마치 그가 자신을 자원봉사자로 소개한 것처럼. 이런 반응은 해당 분야에 대한 무지와 이 직업을 '선의'만으로 할 수 있다는 착각에서 비롯된다.

사회복지사는 봉사자와 다르다. 무급으로 보람만 받으면서 좋은 일 하는 사람들이 아니다. 예를 들어 노인복지는 자신의 고객 하나하나가 제 삶을 영위할 수 있도록 요양보호사와 노인을 연결하고 서비스가 잘 이루어지고 있는지 주기적으로 점검하며 교육 프로그램을 제작하고 진행하는 등 전문지식을 기반으로 체계적인 복지를 제공하는, 하나의 엄연한 전문 직종이다. 여느 회사가 프로젝트를 계획하고 실행하며 성과를 내듯, 이들에게는 약자 즉 사람이 하나의 프로젝트인 셈이다. 그러니 선의를 갖고 시작하더라도 전문성이 뒤를 받쳐줘야 한다. 전문성이 뒷받침되면 당연히 그에 따른 적절한 대우도 필요하다.

하지만 선의를 갖고 노동하는 이에게 마땅한 금전적 보상을 주지 않아도 된다는 사고방식이 사회 전반에 희미하게 존재한다. 마치 젊어서 고생은 사서도 한다는 청년들의 열정페이처럼. 그로 인해 사회는 연봉 협상과 업무환경 개선은 보장하지 않으면서 도리어 근로자에게 '더욱 착해지라고' 요구한다. 그러다 보니 사회복지사의 복지는 더욱 사각지대로 내몰린다. 2018년 강원도 사회복지전담 공무원 정신건강증진사업 보고서를 보면 도내 공무원 767명 중 104명(13.6%)이 '자살을 생각한 적 있다'고 답했다. 그리고 이 중에 2명은 매우 자주, 10명은 자주 자살을 생각했다고 한다. 업무에 '매우 만족'을 선택한 이들도 단 3.3%에 불과했다.

복지사 또한 클라이언트에게 받는 스트레스가 심각함에도 아무도 이를 들여다보지 않았다. 이들의 클라이언트는 주로 취약계층이기 때문에, 약자에게 피해를 입는 약자가 생길 수 있다는 사실을 외면하는 것이다. 이로 인해 해당 직종의 노동자들이 험한 말을 듣거나 악성 민원, 신변을 위협받는 상황까지도 스스로 감내해야 하는 사회를 만들었다.

사회복지사들은 자조적인 목소리로 '사회복지사에게 복지가 없다'는 말을 한다. 많은 간호사와 마찬가지로 그들은 언제나 '선'하므로. 마땅히 자신의 사명감으로 불합리조차 감내하기를 사회가 은근하게 종용하고 있다. 노동이 아니라 헌신하십시오. 헌신의 결과가 헌신짝 같은 취급이라 할지라도 말입니다. 허나 직업에 '착한' 일이란 없다. 그저 '필요한' 일이 있을 뿐이다. 그렇다면 좋은 일이라는 격려는 옵션, 그에 걸맞은 대우는 필수가 아닐까?

이런 칭찬도 분명 좋은 보상이긴 하죠

이것만 받기 전에는 말이죠

나의 노동에 선의만 있지는 않아요

이제 한국 사람
다 되었네요

언제까지 나는 이방인이어야 할까요?

나는 얼마나 한국인일까? 한국인에게 얼마나 한국인에 가까울지 묻는 게 무슨 소용이겠느냐마는 누군가에게는 평생에 거쳐 증명해야 할 과제이다. 단일민족 신화가 지배하는 국가에서 동양인, 그것도 한국인 스테레오 타입과 다른 생김새를 가지는 순간 그는 평생 자신이 얼마나 한국인인지 떠벌려야만 한국인으로 살아남을 수 있다. 아무리 그가 조선 팔도에서 태어났다 해도, 국적이 한국이라도 마찬가지다. 최근 모 예능에서는 동양인과 피부색이 다른 출연진이 등장했다. 그리고 우연히 만난 한 시민이 이렇게 물었다.

"고향이 어디예요?"

출연진은 웃으며 '한국'이라고 답했다. 그러자 또 한 번 묻는 것이다.

"진짜 고향이 어딥니까?"

"한국, 한국입니다."

상대는 무언가 석연치 않은 답을 들은 사람처럼 잔인한 호기심을 담아 또 한 번 질문한다.

"혹시 부모님은요?"

그리하여 결국 한국이 아닌 나라가 나올 때까지, 이 낯선 이방인이 진정 한국인인지 검증하고 또 검증하는 시간을 갖는다. 안타까운 건 이런 증명이 평생에 딱 한 번으로 그치지 않기 때문이다. 더불어 평생 단 한 번도 증명할 필요 없는 사람이 존재하기 때문이다. 그리고 그런 이들이 저런 질문을 던지기에 이방인 같은 방인은 더욱 외로워진다.

한국인 테스트에 통과하려면?

인터넷에서 한국인의 특징을 찾아보면 이런 내용이 나온다.

- 무엇이든 빨리빨리 하라고 외치고 죽겠다는 말을 입에 달고 산다.
- 말할 때 꼭 '아니'로 시작한다.
- 버스가 멈추기 전에 일어나서 카드를 찍는다.
- '당기시오'가 적힌 문도 일단 밀고 들어간다.

- 배불러 죽겠다면서 계속 입으로 넣는다.

- 대부분 정이 많다.

한국의 문화와 전통이 만든 한국인의 성격. 한국에 소속된 이들은 대체로 그렇다. 중요한 건 '대체로' 그렇다는 것이다. 주변에 이런 특징과 반대되는 지인 한 명쯤은 있지 않은가? 이는 집단의 성격이 개인과 완벽히 일치하지는 않는다는 걸 보여준다. 하지만 이 사람이 우리 눈에 익숙한 생김새를 지녔다면 이 사람을 한국인으로 보지 않을 사람은 없다. 하지만 그 반대의 경우, 예를 들어 외국계 한국인이라면 어떨까? 아마 고향이 어디냐는 질문을 받을 것이다.

한국인의 기준은 국적이 되어야 하거늘 아무리 주민등록증을 보여줘도 잠시 놀러 온 먼 나라 이방인쯤으로 대하는 이들은 그가 음식점에 들어가서 종업원에게 '이모'나 '삼촌'이라고 불러야만 의심의 눈초리를 거둘 것이다. 또한 한국인의 소울푸드라는 돼지국밥 식당에 가서 깍두기 국물을 국 안에 따르고, 부추와 청양고추를 싹싹 긁어 넣고 잘 익은 김치를 척척 찢어서 한 숟갈 크게 뜨는 모습을 보여준다면 그제야 "아이고 이놈, 이거 한국인이 다 됐네"라는 말을 듣게 될 것이다.

하지만 이 말 역시 이상하다. 누군가는 이 말을 칭찬이라 말할지도 모르지만 역지사지로 다른 누군가가 우리에게 "너 인간이 다 됐네. 드디어 인간이 됐어"라고 말한다면, 그런 찝찝함이 묻은 칭찬에 흔쾌히 고맙다고 할 사람이 얼마나 있을까? 어제까지 강아지였거나 고양이, 혹은 뒷골목에서 인간 이하의 삶을 살다가 개과천선한 이가 아니라면 백발백중 이것은 교묘한 욕설처럼 들린다. 그런데 하물며 한국인에게 '한국인'이란 말이 어떻게 칭찬이 되겠는가. 그저 내가 아무리 한국에 살더라도 기존 한국 사람들에게 영원히 이방인일 수밖에 없겠다는 착잡함만 느껴질 뿐이지. 결국 시원하게 돼지국밥 한 그릇을 비우고도 왠지 모를 씁쓸함을 되새김질하며 이렇게 생각하지 않을까. 내가 한국인의 정신을 가질 수는 있더라도 한국인의 그 자체가 될 순 없겠구나.

내가 한국인이면 안 될 이유가 있나요?

　한국인이라는 표본은 진정 존재하는가? 아니, '진정한
한국인'이라는 실체는 없다. 그저 차별받는 한국인과 차별
받지 않는 한국인이 존재할 뿐이다. 유전 형질의 차이가 주

는 정보를 시각이 받아들일 때 생기는 편견이 존재할 뿐이다. 황인종이 아니군, 눈동자 색이 다르군, 한국인이 아니군. 이런 알고리즘으로 말이다. 실제 한국인의 문화라 일컫는 부분들은 죄다 생김새와 무관하다. 그런데도 우리는 제 눈에 익숙하지 않은 이들이 얼마나 한국과 하나가 되었는지 묻는다. 얼마나 한국을 사랑하십니까? 나의 시각 테스트를 통과하지 못했으니 다른 검증 수단이 제시해보라는 듯이 집요하게 한국에 대한 사랑을 확인한다. 마치 애국 결핍을 겪는 사람처럼 상대를 시험하고 또 시험한다.

'좀 더 한국인'과 '좀 덜 한국인'의 지긋지긋한 서열문화는 이제 접어두고, 낯선 이를 대할 때 그가 얼마나 한국인에 가까운지 알아보기보다 그는 무슨 음식을 좋아하고, 어떤 취미를 가졌는지, 우리가 재미있게 대화할 수 있는 주제는 무엇인지 알아봐야 하지 않을까? 인종을 넘어 사람 대 사람으로 대한다면 "한국인 다 됐네"라는 말이 상대에게 칭찬이 될 리가 없으므로.

얼굴은 동양적인데
몸매는 서구적이네요

악성 곱슬 대신 자연 곱슬!

어릴 때 나는 바다 근처에 살았다. 낡은 아파트를 둘러싼 작은 숲길을 지나 성심병원을 거쳐 아래로 쭉 내려가다 보면 반짝이는 미포 바닷가가 코앞이었고 달맞이 고개를 따라 쭉 올라가면 해월정이, 차를 타고 더 멀리 나가면 까만 돌로 뒤덮인 청사포 해변을 볼 수 있었다. 바다는 내게 놀이터였다. 촉촉한 모래가 바닷물을 머금으면 그걸로 모래성도 우물도 만들 수 있었으니 다른 장난감이 필요하지 않았다. 모래사장이 아니라도 마찬가지였다. 갯바위가 뒤덮은 청사포 해변에서는 바다 이끼가 촘촘하게 낀 바위를 휙 뒤집으면 고동들이 다닥다닥 붙어있었다. 나는 그놈들을 따다 내 주머니에 쏙쏙 넣어 담았다. 간혹 어떤 바위는 뒤집으면 잔뜩 화가 나 가시를 세운 듯한 까만 돌이나 무기력한 액체 괴물 같은 게 있었는데, 아버지는 내게 하나는 성게고 다른 하나는 해삼이라 말해줬다. 바다는 내게 간식 창고이자 백과사전이었다.

이렇게 매일 갈 정도로 바다를 사랑하다 보니 피부가 햇빛에 항상 화끈거렸다. 그래서 바다에 들어가기 전, 엄마는 내게 살갗이 벗겨지지 않도록 매번 태닝 오일을 발라주

셨다. 엄마는 나를 보고 말했다.

"우리 아이, 흑진주같이 예쁘다."

나는 내 진갈색 피부가 참 좋았다. 햇볕에 그을려 진한 초콜릿 빛깔이 달콤해 보였다. 고동을 한아름 주머니에 꽉 채워도 아무 말 않는 나의 바다가 좋았다.

내가 10살쯤 먹었을까. 어느 날 학교에서 누군가가 나를 향해 '피부가 너무 까무잡잡해서 못생겼다'라고 말했다. 그때부터 짓궂은 남자아이들이 나를 '아프리카 시껌둥이'라고 놀려댔다. 처음에는 가볍게 무시했다. 그러나 이런 상황이 차곡차곡 쌓여가자 나는 우연히 유리창에 비친 내 모습을 바라볼 때마다 갈색빛으로 그은 피부를 신경 쓰기 시작했다.

그 일 이후 바다에 갈 때, 나는 처음으로 태닝 오일 말고 선크림을 발라달라고 말했다. 타지 않겠다고 긴소매 옷과 긴바지도 입었다. 내 행동이 이상하다고 생각한 엄마가 내게 물었다. 무슨 일이 있었니? 나는 조용히 고개를 저었다. 그냥 이제 하얘지고 싶어서. 그게 더 예쁜 거 같아서. 엄마는 내 머리카락을 넘기며 걱정 어린 목소리로 말했다. 왜 지금도 얼마나 예쁜데. 나는 몸을 비비 꼬며 중얼거렸다.

"어두운 피부가 정말 예쁘다면 텔레비전에는 왜 하얀 피부를 가진 사람들만 나오겠어요. 애들이 아프리카 시껌 둥이래요. 아프리카는 싫어요."

왜 싫어해야 하는지도 모르고 가본 적도 없는 지구 반대편의 나라를 나는 그냥, 그냥 싫어했다. 날 까맣게 태우는 바다가 더는 즐겁지 않았다. 햇살은 공포의 대상이 됐다. 그리하여 오일 대신 선크림을 발랐다. 조금 더 하얘지기 위하여, 최대한 햇빛에 노출되지 않기 위해 힘썼다. 결국 나는 나의 세계를 넓혀준 푸르른 바다를 끊었다. 단지 나의 살결이 조금 어두워진다는 이유만으로.

이상적인 미의 기준

언제부터 하얀 피부는 선망의 대상이 되었을까. 나의 어릴 적 동심을 자극하던 서양 동화 속에 공주님들 피부가 죄다 표백이라도 한 사람처럼 백인만 나왔기 때문일까. 아니면 TV 속 동양인 배우가 국제 시상식에서 찍힌 사진을 두고 서양 배우보다 더 하얗다는 사실이 마치 자랑스러운 훈장이듯 연일 보도해대던 미디어 때문일까. '미백'을 피부 개선을 위한 기능성 화장품이라 말하며 마치 하얀 피부가 좋은 피부라고 말하는 지금까지, 우리 사회의 이상적인 미의 기준은 백인을 향하고 있다.

물론 누군가 내가 하얀 피부를 좋아하는 데에 인종적인 이유는 없다고 말할 수도 있다. 그렇다면 되물어본다. 곧게 뻗은 머리카락과 꼬불거리는 곱슬머리 중에 무엇이 좋은가? 우리 사회는 찰랑거리는 생머리를 '생(生)머리'라 부르고 뽀글뽀글 드센 머리카락에는 '악성(惡性) 곱슬머리'라고 말한다. 왜 당연한 기본값이 길게 뻗은 직모인 걸까? 통계적으로 한국인 약 70%는 곱슬머리이다. 사실대로라면 한국인 평균 자연 그대로의 생머리는 곱슬머리이어야 한다. 하지만 한국 사회가 우기는 '기본' 머리는 광고 속 찰랑거리는 머리카락이다.

먼 나라의 흑인 여성들은 백인 중심 사회에서 살아남기 위해 곱슬머리를 숨겨야 했다. 그들에게 가발과 매직 시술은 피할 수 없는 코르셋이 되었다. 백인 중심 사회에서는 곱슬머리인 사람은 직모에 비해 일을 전문적으로 수행해내지 못한다는 편견이 있고, 미국 화장품 회사 아베다(Aveda)의 연구에 따르면 영국의 커리어우먼 63%가 매일 머리카락을 고데기로 편다고 한다. 미국에서는 2019년이 돼서야 겨우 뉴욕시에서 헤어스타일에 대한 차별을 금지하는 법안이 제정되었다. 2019년이 지나서야 레게머리를 지적하는 상사, 헤어스타일을 규제하는 학교의 행동이 법적으로 '차별'이 된 것이다. 일련의 예시를 보며, '해외에서 고작 곱슬머리 가지고 저 정도로?'라고 의문을 품을 분들 또한 직모가 '기본'이며 곱슬머리는 '악성'으로 부르는 우리나라의 단어 사용이 백인에 대한 동경과 무관하다고 말할 수 있을까? 우리의 욕망 중에 정말 순수하게, 사회로부터 강요받지 않은 욕망은 얼마나 될까. 나는 거의 없다고 본다. 우리의 미적 기준은 이미 개인의 단순 기호라고 보기 어렵다. 철저히, 지배를 받고 있으니까.

언론과 미디어에서는 연예인을 두고 '얼굴은 동양인데 몸매가 서양'이라는 말을 칭찬이랍시고 한다. 인종에 따른 유전 형질은 차이가 있을 수 있다. 하지만 이게 동양인을 두고 서양인답다고 비교하며 우성과 열성을 나누어 한쪽을 추앙해야 할지는 의문이다. 차이점을 의도적으로 내세우며 우등과 열등을 교묘하게 나눌 때 차이는 차별이 된다. 특정 인종을 평균화하여 무조건 올려치거나 혹은 내려치는 행위는 인종별 프레임은 물론이고 획일화된 미적 기준을 만든다. 이를 재생산해온 미디어와 사회는 이제라도 책임을 느끼고 지양해야 한다. 우리는 넘쳐나는 사대주의적 프레임 속에서 진짜 본인의 기준을 찾을 필요가 있다. 색깔주의(colorism)를 넘어설 때, 비로소 세상을 바라보는 해상도는 선명해지고 흑과 백, 아름다움과 추함으로 나눌 수 없는 다채로운 색상의 진실한 삶을 마주할 수 있을 것이다.

이는 단순히 기존의 미적 기준을 역전한다고 되는 일

이 아니다. 완전히 사회의 기준 자체를 산산조각내야 한다. 인종의 위계성에 뿌리를 둔 칭찬을 거부할 때 비로소 우리는 인종으로부터 해방된 나를 마주할 수 있다. 그렇다면 피부가 조금이라도 그을릴까 봐 햇빛을 두려워했던 아이도 동양과 서양 그리고 흑과 백이 아닌, 선명하고 푸르른 바다만을 사랑할 수 있지 않겠는가.

4장

이제는 바꿔야 할
생각들

노키즈존 카페를
찾고 있다면

노키즈? 웰컴 키즈!

'노(NO)'라는 단어는 신기하다. 어떨 땐 쉽고, 어떨 땐 세상 가장 어렵다. 어떤 거절은 심호흡 수십 번이 필요한가 하면 다른 거절은 부탁을 받자마자 숨 쉬듯이 튕겨 나온다. 그 이유는 무엇일까? 대부분은 부탁하는 상대와 우리가 수직적 위계질서 구조에 있을 가능성이 크다. 내가 높거나, 상대가 높거나. 예를 들어 주말에 놀러 가자는 자식과의 약속은 거절하지만, 회사 상사가 제안한 단합회 겸 팀원 단체 등산 약속을 거절할 수 없는 건 특별히 못돼먹은 보호자라서가 아니다. 권력적 위계질서가 있는 사회에서 거절이란 단순히 '의사 표현' 이상의 의미가 있기 때문이다. 직장 상사가 자식보다는 상대적 강자이며, 이 사람과의 약속이 나의 사회적 위치에 영향을 줄 가능성이 크다고 여길 때 우리는 자식을 눈에 넣어도 아프지 않을 만큼 사랑함에도 약속을 다음 주로 미루는 비운의 어른이 된다. 이처럼 거절하기 쉬운 상대가 있고 어려운 상대가 있다. '노(NO)'라는 말은 함부로 나오는 게 아니다.

2015년에 경찰청이 진행한 갑질 횡포에 대한 특별단속에 따르면 갑질 횡포 가해자는 연령별로 50대(29.8%), 40대

(27.2%), 30대(18.3%), 60대(12.1%)를 차지했으며, 성별로는 남성이 89.6%였고 여성은 10.4%였다. 해당 통계를 보면 '아이를 동반한 여성'만이 자영업자를 힘들게 하는 주요 고객은 아니었다. 그런데도 이 통계가 나온 2015년에 노키즈존 카페들이 우후죽순으로 생겨나기 시작했다. 물론 가게를 운영하는 사람으로서 어린이 손님이 특별히 성가셨던 순간도 있을 것이다. 울거나 뛰어다니는 어린이를 통제하지 못하는 보호자 때문에 불편을 겪은 손님들이 많아 울며 겨자먹기 식으로 노키즈존을 선언했다 반론할 수도 있다. 하지만 앞선 통계와 같이 진상에는 나이 구분이 없으며 어린이의 입지를 좁히면서까지 책임을 떠넘기기에는 정작 갑질횡포의 가해자는 50대 남성이 가장 많다. 그런데 마련한 대안이 어린이 동반 고객 입장 자체를 거부하는 차별이라면 왜 다른 진상 집단에게는 '노'를 쉽게 외치지 못하는 건지 궁금해진다. 이 사회에는 아무래도 '노'를 외칠 수 있는 진상과, 아닌 진상이 따로 있는 걸까?

누군가는 다른 고객들의 편안한 휴식을 위해 노키즈존
과 예스키즈존을 구분해야 하며, 이건 그저 흡연실과 금연
실을 구별하는 정도라 말한다. 하지만 이는 다르다. 아무
리 흡연자라도 음식점 안에서만 흡연하지 않으면 모두 자
리에 앉아 식사가 끝날 때까지 방해받지 않을 수 있다. 하
지만 아이들은 다르다. 아이들은 문제를 일으킬 아이일지
아닐지 결정되지 않은 상황에서 이미 문제를 일으킬 존재
로 낙인찍힌다. 이는 흡연실에 비유하기보다는, 음식점마
다 죄다 출입구에 '흡연자라면 무조건 출입금지'라고 써 붙
이고 흡연 측정기를 설치하여 출입부터 막는 행동과 다를
바 없다. 내가 그 식사 도중에 다른 테이블로 담배 연기를
뿜을지 말지는 아직 일어나지 않은 일인데, 나를 향해 모
든 사람이 눈살을 찌푸리며 화장실 근처 구석 자리로 안내
하거나 아예 입장을 시키지 않는다면 그건 (나를 뺀) 모두를
위한 합당한 차별일까?

노키즈존은 단순한 구별이나 합리적인 전략이 아닌,

한 사회적 약자 집단의 입지를 좁히는 차별이다. 이건 다음 사례로도 볼 수 있다. 어린이뿐 아니라 어른들도 설레게 한 영화 〈겨울왕국2〉가 개봉했던 당시 한 커뮤니티에는 이런 글이 올라왔다.

"조용히 영화 보고 싶은데 아이들이 너무 떠든다. 노키 즈관을 설치해야 한다."

이는 같은 애니메이션 장르인 뽀로로 극장판의 극장 리뷰인 "들썩들썩 아이들 따라서 같이 춤추고 싶었어요!" 와는 너무나 상반된 내용이다. 이 두 리뷰의 차이는 뭘까. 〈뽀로로〉 상영관보다 〈겨울왕국2〉의 아이들이 특별히 더 시끄러웠기 때문은 아닐 텐데 말이다. 어른은 가끔 어린이 와 같은 공간을 누릴 때면 자신의 권리가 상대방보다 아무 래도 더 높다고 여기는 듯하다. 스스로 양보한다 여기지만 정작 양보하는 입장은 언제나 어린이의 몫이다. 어른이 상 대적으로 적은 뽀로로 극장판에서는 아무런 문제가 없었 으나 보호자 이외의 어른들이 많이 소비하는 영화의 상영 관에는 어린이도 평범한 고객이란 존중이 없다.

아무래도 자신이 좋아하는 만화 캐릭터가 나오면 아

이들은 순간 소리를 내기도 하고, 서로 속닥이거나 보호자가 '조용히 하자'라고 훈육하는 과정에서 잡음이 나올 수 있다. 더불어 모든 어린이가 영화관 예절을 모르고 천방지축으로 날뛰지는 않는다. 심지어 내가 앞서 말한 문장에는 '어른'을 넣어도 말이 된다. 예를 들어, 〈뷰티 인사이드〉라는 영화가 막 개봉했을 때 잘생긴 남자주인공이 등장하는 장면에서 많은 극장 관객들이 감탄사는 물론이고 심지어는 약간 비명에 가까운 환호성을 지른 상영관이 있었다고 한다.

이처럼 어른들도 좋아하는 배우가 나오면 순간 소리를 내기도 하고, 같이 온 일행끼리 속닥이거나 불가피하게 화장실을 미리 가지 못한 경우에는 도중에 나가는 불상사도 생긴다. 그래도 우리는 모든 어른이 그런 게 아니란 걸 안다. 그렇다면 곤란한 어린이 고객을 한번을 겪었을 때, "오늘 영화관에서 떠드는 사람이 있어서 기분 나빴어"가 아니라, "오늘 영화관에서 애들이 떠들더라. 노키즈관이 필요해"라는 요구가 당당해지는 건 기이한 현상이 아닐까? 개인의 잘못을 꾸짖는 데서 그치지 않고 집단을 격리하자는 주장을 하면서 어떻게 차별이 아니라고 말할 수 있는가.

　유대인의 차별 문제를 다룬 영화 〈인생은 아름다워〉에서 주인공의 어린 아들인 조슈아는 부당한 경고문이 붙은 상점 앞을 지나며 아버지인 귀도에게 이렇게 묻는다. "왜 유대인과 개는 못 들어오게 해?" 귀도는 삭막한 현실을 숨긴 채 "저 사람들이 유대인과 개를 좋아하지 않아서 그래. 우리 가게에도 네가 싫어하는 거미는 못 들어오게 하자"라고 말하며 아이의 동심을 지켜주려 한다. 그리고 2022년의 대한민국의 어린이는 우리에게 이렇게 묻는다. "왜 어린이는 못 들어오게 해?" 우리는 어떤 대답을 할 수 있을까? 그저 이런 질문이 없어, 대답하지 않아도 되는 날이 오길 바랄 뿐이다.

어린이에게는 배울 기회가 필요하지만 어른인 당신은?

성평등은 좋고,
페미니즘은 싫고

그냥 페미니즘이 싫은 건 아니고요?

"너 페미니스트야?"

어느샌가 페미니즘은 여성을 검열하는 단어가 됐다. 대화 중 상대방의 입에서 이런 질문이 나왔다면 대개 정말 당신의 이념이 궁금해서가 아닌 비난의 의도로 쓰인다. 마치 테러리스트를 마주한 사람처럼 말이다. 그러나 놀랍게도(?) 페미니즘의 목표는 남성을 정복하는 게 아니다. 그런데도 한국의 일부 남성들은 '한국의 페미니즘'만이 악랄하다며, '한국의 페미니즘'은 잘못되었다고 말한다. 과연 그럴까?

20세기 초 영국에서는 여성 참정권을 위해 서프러제트(suffragette) 운동이 시작됐다. 이들은 서프러지스트(suffragist)들의 오랜 비폭력 시위와 청원, 요구들이 모두 통하지 않자 '말 대신 행동'이라는 슬로건 아래 폭력을 동반한 투쟁을 지속했다. 대표적으로 서프러제트인 에밀리 데이비슨이 1인 시위를 하다가 달려오는 국왕의 말에 뛰어들어 순교했다. 그는 마지막 순간까지도 '여성의 투표권'을 외치며 죽었다. 투표권에 목마른 여성들은 거리의 우체통에 불을 지르고 전선을 죄다 끊어버렸다. 1800년대 중반에 시작한 이 운동은 1928년 영국이 21세 이상의 여성 모두에게 참정권을 부여하며 끝이 났다. 누군가는 이를 급진적이라고 볼 수도 있으나, 싸움을 불사한 이들이 없었다면 여성의 손에 투표용지는 여전히 주어지지 않았을 것이다. '이건 좀 심한데'라고 생각할 여성조차 심한 일을 해낸 여성에게 혜택을 받았다. 물론 폭력만이 정답이라고 생각하지 않는다. 하지만 '대화'가 불가능해진 순간, 내몰린 약자들에게 유일하게 남은 선택지는 하나뿐이지 않을까.

폭력 사태가 일어나지 않게 하는 법은 간단하다. 비단 성차별 문제가 아니라 모든 사회 문제가 그러하듯, 이런 사태가 일어나기 전에 건전한 담론의 장을 만들고 대화를 통해 해결하는 것이다. 이런 서양의 역사에 비하면 한국이 유난히 폭력적이라고 할 수는 없다. '외국의 페미니즘은 그렇지 않던데'라고 말하는 이들에게 적어도 한국의 창문은 멀쩡하다고 전하고 싶다. 아직은, 말이다.

또 누군가는 이렇게 말한다. "이전보다 여성의 인권이 올라갔고, 이전과 다르게 지금 남성들은 태어나서 기득권을 가진 적이 없다." 아주 틀린 말은 아니다. 적어도 예전보다는 배 속에서 사라지는 여자들이 적으니까. 새끼 악어는 온도에 따라 성별이 결정된다. 대표적으로 미시시피악어가 그렇다. 딱, 32도에서 33도 사이에서만 수컷으로 태어나고 나머지는 전부 암컷이다. 그리고 과거 대한민국의 거의 모든 어른, 혹은 모든 이들, 모든 임신부가 배 속 온도를 32~33도로만 유지하고 싶어 했다. 조금이라도 실수하여 필요 온도보다 차갑거나 뜨거워지기라도 하면 큰일이 나는 것처럼. 1980~1990년대 초음파 기기가 도입되던 시기, 온도 조절에 실패한 아이들은 감별되어 버려졌다. 그 시절 살아남은 여자아이들은 지금 서른과 마흔 중간에 서 있다. 그들은 스타벅스 커피를 마신다는 이유로 된장녀와 김치녀라는 멸칭을 들으며 자랐다. 만약 결혼하여 아이를 낳았다면 그들은 인터넷에서 맘충이라 불렸을지도 모른다.

2022년, 현재는 달라졌을까. 20대 대통령 선거에서 윤석열 당선인은 '여성가족부' 폐지를 공약으로 내세웠다. '우리 사회에 구조적 성차별은 없고, 여성가족부가 역사적 소명을 다했기 때문'이라고 한다. 하지만 이코노미스트(Economist)가 조사한 '유리천장지수(Glass-ceiling index)'의 집계 결과 한국은 OECD 29개 국가 중 꼴찌다. 그것도 10년 연속이다. 남녀 간 소득의 격차는 물론이고 남성보다 여성의 경제활동 참여율, 고등교육 격차 이외의 셀 수 없이 많은 부분이 뒤에서 1, 2등을 다툰다. 예전보다 '나아졌다'고 주장하지만, 세계의 변화에 비하면 실상 별로 나아지지 않았다.

비단 정량적 수치뿐 아니라 국가 내 사건·사고만 보아도 그렇다. 2020년에는 메신저 앱을 통해 성착취물을 찍고 유포하는 데 약 6만 명이 가담한 디지털 성범죄 N번방 사건이 터졌고, 2021년에는 상관에게 성추행을 당한 뒤 피해자가 자살한 공군 내 집단 성추행 사건이 있었으며, 면접에서 남성보다 임금을 적게 받는 게 어떻겠냐고 물은 대기업이 있었고, 육아휴직을 마치고 돌아온 여성 직원에게 계속 부당한 인사 발령을 내리며 스스로 떠날 때까지 압박한 분유 회사가 있었다. 나아졌다고 주장하기에는 참 염치없는 일들이다.

여성의 군 문제도 항상 뜨거운 감자이다. 남성만 군대에 가는 것은 역차별이며 '남성 인권'이 후퇴했다는 증거라고 말하지만, 사실 여성이 징집 대상이 아닌 것은 '여성 인권'이 후퇴했다는 증거다. 여성에게 참정권이 없었던 이유가 가부장제 아래에서 여성이 가정인으로서의 역할만 강요되었기 때문인 것처럼, 여성이 징집 대상이 아닌 것은 여성이 어떻게 국가 안보를 책임질 수 있느냐고 생각한 이들 때문이다. 바로 그 가부장제 사회가 만든 정책이 지금까지 이어지는 것이다. 남성에게만 군 복무를 시킨 이들은 여성이 아니다. 오히려 여성은 사지 동작이 멀쩡한 성인임에도 국가 재난의 상황에서 체계적으로 대처할 수 있는 교육을 받은 적이 없으며, 남성 위주로 돌아가는 안보 담론에서 언제나 뒤로 밀려났다. 그러면서 일상에서 국가 안전 문제를 논하거나, 혹은 국회에서 국방 의제를 두고 토의할 때면 '여성'이 자그마치 국가의 안보 문제를 말할 자격이 있는지부터 의심한다.

그러므로 "여자도 군대를 가야 한다"라는 주장은 사실 너무나 페미니즘적이다. 잘 곱씹어보자. 역사적으로 여성이 먼저 나라를 위한 봉사를 거부했는지, 아니면 남성이 먼저 여성을 배제한 건지. 남자와 여자의 신체적 차이를 인정하더라도 '군사안보'가 아닌 다른 방식의 안보 개입조차 여성은 할 수 없었다. 성공회대학교 외래교수 김엘리는 그런데도 남성들이 여성징병제를 주장하는 것은 "억울함, 보복, 성 대결, 성평등 등 여러 감정들과 주장들이 얽혀 있지만 각각의 것들이 태동한 맥락은 사라진 채 그 해법은 여성징병제 제도화로 모인다"라고 말한다. 또한 "더 나은 논쟁의 방향은 '여성'이 군대에 가느냐 마느냐가 아니라 '군대'는 갈 만한 곳인가다. 젠더 갈등이 아니라 '군대'가 논의의 초점이 되어야 한다"라고 말한다.

군대는 그 자체로도 문제가 많다. 상명하복의 위계질서 문화로 인한 폐단과 신체를 정상과 비정상의 관점에서 채점하여 우등 인간을 선출하고 나머지는 열등 인간으로 분류하는 일, 문제가 발생해도 쉬쉬하고 묻어버리는 집단의 폐쇄성과 인권 침해, 저급여 노동 착취 등은 '군대' 자체의 문제이다. 그리고 이 문제는 "여성은 국가 안보를 책임질 수 있느냐"는 문제와 별개이다. 별개의 두 가지 문제를, 하나로 섞으면 해결은 더욱 산으로 갈 수밖에 없다.

이렇게 수면 위로 떠오른 '구조적 성차별'만 따져봐도 수없이 많다. 그런데도 몇몇 남성은 자신들이 아직 기득권을 가져본 적 없다고 말한다. 그들이 생각하는 '기득권'이란 무엇일까? 얼마나 특별한 권리를 떠올리기에 과거 남아선호사상과 가부장 제도가 이어온 남성 권력을 기득권이라 생각하지 못하는 걸까? 만약 그 권리가 너무나 당연하게 여겨져 특별하게 느끼지 못하는 거라면, 수많은 세월 동안 그 당연한 권리는 왜 여성에겐 주어지지 못했을까. 그리고 애초에 젠더 권력의 불균형으로 특정 성별이 다른 성별을 억압하는 사회가 이상하지 않은가? 한쪽에만 찬란했던 과거는 아무도 애틋해하지 않는 역사이다.

페미니즘은 페미니즘이다

2022년, 많은 이가 '페미니즘'이란 단어가 퇴색되었다고 말한다. 그래서인지 일상생활에서 '페미니즘'은 거의 볼드모트에 가깝다. 말하면 큰일 나는 단어, 분위기가 이상해지는 단어, 왠지 긴장하게 되는 단어가 되었다. 이런 상황에서 한 정치인은 페미니즘에서 휴머니즘과 패밀리즘으로 전환하자는 슬로건을 내걸었다. 그러나 휴머니즘과 패밀리즘은 페미니즘을 대신할 수 없다. 둘의 뜻이 전혀 다르기 때문이다. 그럴듯해 보이는 패밀리즘은 개인보다 집단인 가족 공동체를 우선으로 두는 가족주의에 불과하다. 이 용어 속에는 여성과 남성이 2022년도에도 '아버지'나 '어머니'가 아닌 '개인'으로 존재할 수 없다. 원치 않는 여성에게도 인구 재생산의 의무를, 원치 않는 남성에게는 가족 부양의 의무를 강제로 부여하는 패밀리즘은 말이 좋아 패밀리즘이지, 사실상 이미 실패한 가부장제의 부활을 주장한다. 이는 구태를 좇는 시대의 역행이다.

현시대에 성차별이 옳다고 생각하는 사람은 거의 없다.

그렇다면 성평등을 나타내는 단어인 페미니즘은 페미니즘이고, 페미니즘으로 불려야 한다. 이는 전 세계가 문제없이 사용하는 용어이다. 그런데 북반구의 중위도에 위치한 한국에서만 말하기에 눈치가 보이고, 누군가 성차별 문제에 대해 발언할 때 '난 페미니스트는 아니지만'이라는 말을 서두로 꼭 붙여야 한다면, 그게 단어의 문제일까? 오히려 눈치를 주는 이들의 문제라고 보는 게 맞지 않을까.

흑인 인어공주는
왜 낯설까?

피부보단 아름다운 목소리에 집중하세요

우리는 눈으로 똑똑히 본 정보는 저항 없이 믿는다. 하지만 눈은 생각보다 제대로 보지 못한다. 그 대표적인 증거가 바로 유명한 인지 심리학 실험인 '투명 고릴라' 실험이다. 실험 참가자는 한 동영상을 시청한다. 거기에는 흰옷을 입은 팀과 검은 옷을 입은 팀이 둥글게 모여 이리저리 농구공을 패스하는 모습이 담겨 있다. 그리고 해당 영상을 보여주기 전, 실험 참가자에게 이렇게 말한다.

"검은 옷을 입은 팀은 무시하고, 흰옷을 입은 사람들의 패스 횟수를 세어주세요."

1분 남짓한 동영상이 끝나자마자, 연구자는 실험 참가자에게 패스 횟수가 몇 번인지 묻는다. 그리고 뒤이어 이런 질문을 한다.

"패스 횟수를 셀 때 뭔가 이상한 걸 느꼈나요? 선수들 말고 눈에 띄는 누군가는 없었나요?"

실험 참가자 절반 가까이는 모두, '없었다'라고 답했다. 연구자는 다시 물었다.

"고릴라, 못 봤어요?"

네? 뜬금없이 고릴라라니요. 그렇다. 사실 그 동영상에서는 패스하는 사람들 사이로 고릴라 탈을 쓴 사람이 유유히 걸어들어와 카메라 바로 앞에서 가슴을 친 다음 멀어져 갔다. 약 9초 분량의 고릴라 쇼는 당연히 실험 참가자의 이목을 끌 만했으나, 참가자 절반 가까이는 이 고릴라가 있었는지도 몰랐다는 답변을 했다. 국가를 불문하고 여러 번 다른 사람으로 실험을 해도 대략 50%는 이 고릴라를 보지 못했다. 해당 실험을 진행했던 인지 심리학자 크리스토퍼 차브리스와 대니얼 사이먼스의 책 『보이지 않는 고릴라』에서는 이런 인식의 오류를 '무주의 맹시(inattentional blindness)'라고 불렀다. 이는 사람들이 특정 요소에 집중할 때 그 부분은 생생하게 느낄 수 있으나, 그 생생함 때문에 나머지 세상은 전혀 인식하지 못한다는 것이다. 이처럼 우리가 한없이 신뢰하는 정확한 눈도, 커다란 고릴라 하나조차 제대로 못 볼 수가 있다. 그렇담 이렇게 소외되는 고릴라 없이, 더 복잡한 세상을 잘 바라보려면 어떻게 해야 할까?

디즈니 〈인어공주〉 실사 영화의 주인공 '에리얼' 역할
에 할리 베일리가 캐스팅됐다. 그러나 SNS에는 30년의 명
작 인어공주가 다시 탄생하는 기쁨보단 비난들이 가득했
다. '나의 에리얼은 이렇지 않아'(#NotMyAriel)라는 해시태그
와 함께 그의 캐스팅을 반대하는 운동이 벌어졌다. 자질구
레한 이유가 있었으나 가장 큰 이유는 그가 원작처럼 흰 피
부에 빨간 머리가 아니며, 그가 흑인이기 때문이었다. 사람
들은 말했다. 그의 생김새가 나의 동심을 파괴하고 있다고.

차라리 속 시원하게 인종 차별주의자로서 흑인이 백인
의 역할을 하는 게 화가 난다는 말이 있었다면 '저런 시대
에 뒤처지고 있구나'라며 측은한 눈빛이라도 보냈을 텐데,
당황스러운 선 그들이 선혀 자신을 인종 차별주의자라고
생각하지 않았다는 점이다. 나는 인종 차별은 하지 않지만,
흑인 인어공주는 싫다고 말하며 자신이 인종 차별주의자
가 아닌 이유를 이렇게 설명했다.

"나는 흑인에 아무 감정 없어요. 오히려 영화 블랙 팬서랑 윌 스미스도 좋아하는 걸요! 그런데 내가 어떻게 인종 차별주의자입니까?"

이런 모습은 다른 차별에서도 흔히 볼 수 있다. "나는 여자를 아끼고 좋아합니다! 내가 어떻게 성차별을 한다는 겁니까?", "나는 장애우에게 친절하게 대해줍니다! 내가 어떻게 장애인 차별을 한다는 겁니까?" 하지만 존중 없는 애호는 차별의 다른 이름이다. 나와 피부색이 다른 사람들을 사랑하긴 하지만, 지하철 내 옆자리에 앉지 않았으면 하고, 사우나에서 나와 같은 탕에 들어가지 않았으면 하는 마음은 누군가 설 자리를 제한하려는 이기심이 아닐까. 나의 기분을 거스르지 않은 선에서만 타인의 기본권을 보장해주겠다는 말이 어떻게 선심에서 비롯될 수 있을까? 그런 게 사랑이라면 그는 차라리 사랑하지 않는 게 좋겠다.

인어는 흑인이 아니라는 법이 있나요?

창작은 자유다. 한국 드라마에서 이탈리아 마피아 캐릭터가 아시아계 남성일 수 있다면 먼 나라 덴마크 인어공주 캐릭터가 흑인인 것도 별로 이상할 일은 아니다. 그런데도 동심 파괴를 운운하며 에리얼을 부정하는 이들에게 디즈니는 얼마 전 트위터 계정을 통해 이런 입장을 남겼다.

"에리얼은 인어이다. 전 세계에 걸쳐 있는 바닷속 왕국에서 살고, 에리얼이 원하면 어디서든 합법적으로 수영할 수 있다. 에리얼이 덴마크인이라면, 덴마크에 흑인도 있기 때문에 덴마크 인어들도 흑인일 수 있다. 에리얼은 언제나 그의 친구 '스커틀', 자메이카 출신 게 '세바스찬'과 시상에 올라와 구릿빛 피부를 더 진하게 할 수도 있다. 흑인 덴마크인도 유전적으로 빨간 머리를 가질 수 있다."

물론 영화의 재미를 판단하는 일은 관객의 몫이겠지

만, 아직 예고편조차 나오지 않은 영화에서 '피부색'만으로 세계적인 갈등과 분쟁을 만들고 창작자가 해명까지 한 사건은 우리가 평소 누군가를 바라볼 때 필요 이상으로 '눈을 부릅뜨고' 본다는 걸 시사한다. 시각이 주는 정보에 의존하여 피부색에 따라 할 수 있는 배역과 없는 배역이 나뉘며, 심지어는 신체 능력과 지성, 도덕성의 차이까지 있다고 믿는 듯한 뉘앙스는 사회 곳곳에 깔려 있다.

대표적으로 이런 선입견을 드러내는 단어 중 하나인 '흑형'을 보자. 한국에서는 몸이 좋고 운동 잘하는 흑인 남성에게 어느 정도 친함을 드러내는 표현으로 흑형이란 말을 사용한다. 상대를 비난하는 의도도 아니고 좋은 의미인데 이게 왜 차별 단어냐고 물을 수 있겠지만, 이 단어가 만연할수록 '보통의' 흑인이라면 당연히 신체가 발달하고 운동 수행능력이 좋으며, 노래도 굉장히 잘 부를 거라는(특히 힙합 노래를) 기대가 생긴다. 그러니 그렇지 않은 사람들, 즉 내 생각과 다른 흑인의 모습을 보았을 때 '의아해'한다든지, 다소 '실망'할 수도 있으며, '역시 그런' 흑인을 보더라도 개인의 특징이라기보단 인종적 특징이라고 판단할 수 있다. 이렇게 누군가의 개별성을 그가 속한 집단과 필요 이상으로 긴밀하게 연관 지을 때, 우리는 그 개별성을 그 집단의 보편성으로 착각하게 된다. 조금만 생각해보면, 흥과 에너지가 넘치는 흑인이 있더라도 그의 피부가 혹부리 영감의 노래 주머니 같은 기능을 수행하지는 않다는 걸 알 수 있을 텐데 말이다.

제대로 상대를 파악하기도 전에 낙인을 찍는 '흑형'이란 이 호칭을, 마주하는 (심지어 잘 모르는) 사람에게 보자마자 부르는 게 아직도 친근함의 표시라고 생각한다면, 처음 보는 외국인들이 모두 '한형'이라고 부르며 "너희 다 게임을 잘하고, 다 성격이 급하고, 성형을 많이 해서 다 예쁘고 잘생겼다며?"라는 무례한 질문 세례도 참아야 할지 모른다. 화룡점정으로 이 말도 덧붙이며, "너네 진짜 개고기를 즐겨 먹어?"

　다시 처음의 질문으로 돌아가 보자. 소외되는 고릴라 없이 세상을 더 잘 바라보기 위해서는 어떻게 해야 할까? 앞서 소개한 투명 고릴라 실험은 한 번 더 진행됐다. 이번에는 난이도를 조금 높여서 말이다. 똑같이 흰옷을 입은 사람들의 패스 횟수를 세되, 공중에서 넘기는 패스와 바닥을 튕겨 넘기는 패스를 나누어서 세라고 지시했다. 난이도가 높아지자 더 많은 집중력을 요구했고, 갑자기 등장한 고릴라를 못 보는 사람의 수는 20%나 증가했다고 한다. 인간의 주의력은 한정되어 있고, 한 가지에 집중하면 집중할수록 그 주변의 다른 정보는 파악하기 어려워진다는 결론을 내릴 수 있다.

　이처럼 인종적 편견이란 '흰옷을 입은 사람들의 패스 횟수'를 세는 일처럼, 나와 다른 생김새를 바라보며 그를 둘러싼 '포장지'에만 집중해서 생기는 착각이 아닐까 생각한다. 살결 안에 분명 내면이 있다는 걸 알면서도 오해하게 되는 건 모두가 특별히 악하거나 잘못된 사람이 아니라,

단지 시선을 고루 나누는 데 익숙하지 않기 때문이라고.

그렇다면 이러한 편견은 도저히 고칠 수 없는 불치병 같은 게 아니라, 훈련할 수 있는 근육이다. 찬찬한 노력으로 단련하면 누구나 바꿀 수 있다. 그리하여 인종에 대한 터널 시야를 인정하고 바로잡고자 할 때, 우리는 속 빈 선물 상자가 아닌 진정 나를 기쁘게 할 선물 같은 인연을 만나, 서로가 서로에게 선물인 사회로 나아갈 수 있을 거라고 희망해본다.

장애인 시위를
왜 아침에 하냐고?

이족보행으로 가던 길을 마차로 이동하고 마차가 자동차가 되는 동안 바퀴는 인간의 두 발보다 나은 이동수단으로 여겨졌다. 하지만 휠체어의 바퀴는 다르다. 휠체어의 바퀴로 갈 수 있는 장소는 아주 협소하다. 전국에 저상버스(교통 약자가 버스를 탈 수 있도록 경사판이 설치되어 있는 버스)는 2021년 말 기준 전체 버스 중 단 30.6%밖에 없다. 휠체어 이용자가 외곽으로 나가기 위해 버스 정류장에서 버스를 기다린다면 10대 중 단 2~3대만 탈 수 있다는 소리이다. 만약 배차 간격이 15분인데, 줄줄이 오는 버스가 장난처럼 저상버스가 아니라면 장애인들은 100분 넘게 버스를 기다려야 한다. 약 두 시간가량을 일찍 나와야만 약속 시간을 맞출 수 있다. 만약 당신이라면 나갈 엄두가 나겠는가? 그리하여 100분을 하염없이 기다리느니 나가지 않기로 한다. 나가지 않으면 땡볕이나 살을 에는 추위 속에서 오지 않는 버스를 기다릴 필요도 없으니까.

그렇다면 정시 운행으로 약속 시간을 지켜준다는 지하철은 어떨까. 오전 7시 신도림, 8시 가산디지털단지, 9시 강남역은 말 그대로 헬게이트다. 그래도 출퇴근 시간대만 피하면 이동에 큰 어려움은 없다. 그리고 출근 시간대 지하철이 아무리 지옥으로 가는 길이래도 진짜 죽을 각오를 하고 타는 사람은 없다. 그냥 힘들 뿐이다. 하지만 휠체어 이용자는 시간대나 호선 상관없이 매번 벼랑 위의 외나무다리를 건너야만 지하철을 탈 수 있다.

약 20년 전, 과거 오이도역에서 리프트가 추락하는 참사가 있었다. 이유는 안전하지 않은 수직형 휠체어 리프트 탓이었다. 그 이후로 장애인 이동권이 조명되고 안전을 보장받기 위한 투쟁이 이어졌다. 서울시는 2015년에 2022년까지 지하철 전 역사에 엘리베이터 100% 설치를 약속했다. 그 사이 2017년 신길역에서는 또다시 휠체어 리프트로 인한 참사가 발생했다. 이윽고 약속했던 2022년이 되었다. 그러나 여전히 휠체어를 타고 안전하게 이동하기에는 한참 멀었다. 서울교통공사에 따르면 2022년 4월 기준으로 공사가 관리하는 지하철 역사 275개 중 254개 역에선 교통약자가 타인의 도움 없이 엘리베이터를 이용해 지상 출구부터 승강장까지 하나의 동선으로 이동할 수 있다.

이른바 '1역사 1동선'이 확보된 역들이다. 수치만 보면

92.3%로 높다. 그러나 문제는 환승역이다. 환승역 69개 중 50.7%(35개 역)는 휠체어를 탄 장애인들이 엘리베이터를 이용하여 환승할 수 없다.[11, 12] 환승하려면 밖으로 나갔다가 다시 들어오거나 휠체어 리프트를 사용해야 한다.

만약 운 좋게 엘리베이터가 있는 역을 발견하더라도 바쁜 시간대에는 이마저도 눈치가 보인다. 전동 휠체어 하나 겨우 들어갈 엘리베이터를 이용하자니 계단을 이용하기 싫은 비장애인이나 혹은 거동이 불편한 노약자들과 함께 길게 줄을 서서 기다려야 한다. '비장애인 8명=전동 휠체어 1대'라면 최대다수의 행복이 우선이라는 공리주의에 입각한 암묵적 공식에 따라 여러 명을 먼저 태워 보낼 때도 있다. 그래도 다음 차례로 타면 그나마 다행이다. 새치기, 밀치기, 고함치기 등 치기란 치기가 전부 동원되면 이동 시간이 비장애인보다 최소 세 배는 넘게 걸린다.

---

11 백담, 〈서울 지하철 절반, '1역사 1환승' 안 됐다…장애인 이동권 '사각지대'〉, 연합뉴스, 2022년 4월 7일자
12 문다영, 〈서울교통공사 "2024년까지 1~8호선 모든 역에 '1역사 1동선'"〉, 연합뉴스, 2022년 4월 1일자

지하도 엉망인데 지상은 괜찮을까? 비장애인과 장애인이 함께 이용하는 보도블록 교체 사업은 매년 계속되는 중이다. 그런데 보도블록 중에서도 시각 장애인을 위한 점자블록은 교체 우선순위에서 밀려나 어느 거리는 점자라 부르기에 민망할 정도로 손상되어 방치되어 있다.[13] 똑같은 블록임에도 교체되지 않거나, 교체되더라도 '미관'을 이유로 제멋대로 설치한다.

지하철이나 버스를 우리는 '대중' 교통이라 부른다. 하지만 누군가는 '대중' 교통을 이용하기 위해 투쟁이 필요하다. 장애인의 이동권을 보장하지 못하는 지하철이나 버스가 '대중' 교통이라 불린다면, 그 나라의 '대중' 안에는 장애인이 없다고 선언하는 꼴과 같다. 비장애인이 그어놓은 '대중'이라는 선 안으로 들어가기 위해 지하철 장애인 이동권 시위가 이어지고 있다. 이에 국가와 언론은 시위로 비장애인이 겪은 불편의 책임을 장애인에게 떠넘겼다. 이것이 정

---

13 서재훈, 〈닳아 없어진 장애인 배려… 보도블록에 숨겨진 차별〉, 한국일보, 2021년 4월 17일자

말 비장애인과 장애인, 국민 간의 갈등인가? 국가가 깨트린 약속에 비장애인, 장애인 할 것 없이 시민 모두가 불편을 겪는다. 그럼에도 앞장서서 책임져야 할 이들이 얌체같이 꼬리를 자르고 누구보다 책임이 없는 듯 행동한다.

심지어는 책임을 떠넘기며 장애인의 시위 방식이 잘못되었다고 말했다. 평화적으로, 타인에게 피해 주지 말고 얌전히 착하게 시위를 하란다. 하지만 이상하다. 휠체어 이용자가 단체로 지하철을 타고 시각 장애인 여럿이 매장의 키오스크를 이용하는 게 정말 도를 넘은 행동일까? 그 누구도 비장애인으로 꽉 찬 만원 버스와 음식점 단체 손님을 보고 범죄집단 보듯 눈을 흘기지 않는다. 그렇다면 진짜 '폭력'은 누가 저지르고 있는가. 이동권과 생존권을 보장해달라는 장애인들? 아니면 그마저도 들어주지 않는 기득권? 장애인 이동권에 대한 뉴스를 보다가 장애인 때문에 출근에 20분이나 늦었다는 불평 섞인 댓글을 보았다. 당신이 20분을 늦는 동안 누군가는 20년을 늦었다. 20분의 불편도 참기 힘들었던 당신이 또다시 이런 일을 겪지 않는 방법은 간단하다. '장애인의 이동권을 보장해주세요'라는

20년 동안 장기 미해결로 남아있는 '시민'의 불편 한 건을 다 함께 해결하면 된다.

손상이 장애가 될 때

노들장애학궁리소 연구활동가 김도현의 책 『장애학의 도전』에서는 장애를 단순한 신체의 '손상'으로 보지 않는다. 신체적 손상을 입은 모든 이가 모든 상황에서 장애를 겪지는 않기 때문이다.

"손상은 손상일 뿐이다. 특정한 관계 속에서만 손상은 장애가 된다."

다리의 '손상'은 휠체어를 이용한다면 평지에서는 장애가 아니다. 웬만하면 어디든 갈 수 있기 때문이다. 그러나 계단을 마주하였을 때 다리의 '손상'은 장애가 된다. 탈 수 없는 버스와 지하철을 마주했을 때, 키오스크에서 원하는 메뉴가 고를 수 없는 높이에 있을 때 손상은 장애가 된다.

다리가 망가졌거나 눈이 보이지 않거나 상대의 목소리를 들을 수 없는 손상을 갖고 있다 하더라도 장애를 겪지 않는 방법은 간단하다. 사회가 나서서 손상을 장애로 만드는 일상생활 속 관계를 해소하는 것이다. 누군가는 "아니, 장애인을 위해 얼마나 더 복지를 하란 말이야?"라고 반문할 수 있다. 우리는 장애인과 약자를 위한 편의시설을 나와는 상관없는 소수를 위한 서비스라고 생각한다. 하지만 무장애 시설은 비장애인들이 더욱 잘 쓰고 있다.

예를 들어 밀거나 당기지 않아도 되는 자동문은 장애인이든 비장애인이든 모두에게 공평하게 열린다. 만약 당신의 팔이 부러졌거나 무거운 짐을 드느라 팔을 쓸 수 없을 때, 자동문 앞에서는 손상이 장애가 되지 않는다. 자동문이 인간의 삶을 더 불편하게 만들었다고 주장하는 비장애인은 없다. 이처럼 손상이 장애가 되는 상황을 하나둘 해결하다 보면 결국 누구 할 것 없이 모두가 편안해진다.

장애인과 비장애인 간의 장벽을 허물다 보면, 하나쯤 가진 신체의 불편 따위 아무런 장애가 되지 않는 '무장애의 사회'를 마주할 수 있지 않을까? 손상을 두려워하지 않는 사회, 지금보다 더 많은 이가 대중에 속할 수 있는 사회가 도래한다면 그 누구도 하루의 시작 앞에서 좌절하지 않아도 된다. 장애인, 비장애인 할 것 없이 누구나 어디를 갈 수 있는지 고민하기보단, 어디에 가볼지 기대와 희망에 가득 찬 하루를 시작할 수 있을 테니까.

온라인 수업이
미래 교육일까?

코로나 대유행으로 인해 모든 학교가 온라인 수업으로 대체되었을 때, 어떤 학생이 가출을 했다. 집을 나가기 전, 그는 보호자에게 이런 말을 남겼다.

"답답해서 잠시 나갔다 올게요."

이 무슨 황당한 말인가 싶겠지만 개학 연기에 따라 좁디좁은 단칸방에서 4주 이상 방치된 학생이라면 그럴 수 있다. 균형 있는 식단을 한 끼라도 챙겨줄 수 있는 식당은 학교 급식소뿐이었으며, 때때로 폭군이 되는 보호자에게서 대피할 수 있는 안전지대가 학교밖에 없었던 학생에게 '등교하지 않는 개학'이란 무기한 옥살이나 마찬가지였다.

또 다른 학생도 차라리 등교하고 싶다고 내게 말했다. 유치원생과 초등학생 동생이 있으나 컴퓨터는 단 한 대라고 했다. 한 평이나 될까 싶은 거실 겸 주방이 있고 온 가족이 옹기종기 모여 자는 작은 방이 전부인 집에서 세 아이가 어떻게 동시에 온라인 수업을 듣겠는가. 심지어 보호자는 맞벌이 중이라 오전에는 동생들의 수업과 끼니까지 챙기느라 정작 본인은 제대로 출석조차 하기 힘들어했다. 이런 학생들이 7시간이 넘는 수업을 온라인으로 들어야 한다면 그들에게 필요한 것이 스마트 기기의 보급일까, 아니면 수업을 마음 편히 들을 수 있는 장소일까?

평등과는 거리가 먼 미래 교육

온라인 수업을 미래 교육의 시범안이라 말하는 교육부를 보면, 국가적인 차원에서 생각하는 '미래 교육'이란 클라우드 서버 위에 지어진 학교라는 생각이 든다. 이런 미래를 위해 국가는 스마트 기기를 100% 보급하고 어딜 가든 빵빵하게 터지는 와이파이를 준비하겠다고 했다. 그런데 정말 이것만 있으면 될까? 사실 최소한의 조건은 오프라인 몸뚱이의 안전이다. 아이러니하게도 따뜻한 밥과 안전한 생활환경 없이는 가상의 학교에 등교할 수 없다. 초고속 통신망이 깔린 온라인 학교야말로 오프라인 등원보다 교육의 빈부격차를 심화한다. 보호자가 학생에게 쾌적한 방 한 칸을 내어줄 수 있을 정도의 소득이 된다면 학교가 클라우드 서버 위에 있든 집 앞 10분 거리에 있든 별 상관이 없지만, 그럴 여유가 없는 이들은 그렇지 않다. 누군가는 실제의 학교로 등교해야만 평등한 교육의 기회가 주어진다.

학교는 단순한 배움의 장, 그 이상의 의미다. 땅 위에 세워진 학교는 학생들이 최소한의 지식을 '안전'하게 배울 수 있는, 안전지대의 역할을 담당해야 한다. 아무리 빈곤한 자도, 아무리 삶이 불안한 이도 안전하게 지혜를 배울 수 있는 장소. 이것이 학교의 역할이다. 그리고 이를 위해 가정과 학교는 철저히, 아주 먼 거리를 유지해야 한다.

가정과 학교가 서로의 공간이 붕괴될 만큼 심리적 거리가 가까울수록 교육은 어려워진다. 어떤 아이에게 오프라인 학교로의 등교는 가정에서의 해방이다. 반대의 경우도 마찬가지다. 가정과 학교가 분리되어야 어느 쪽이든 도피할 수 있다. 하지만 온라인 수업은 이 두 장소가 하나가 된다. 가정과 학교에서의 자아를 합쳐버리는 것이다. 쌍방향 온라인 수업을 진행하면 학생은 최소 40분 가까이 캠과 마이크를 켜고 자기 주위 환경을 전시할 수밖에 없다. 수업 시간 캠 속에는 학생들의 방이 보인다. 거기에는 학생의 취향이 보인다. 그리고 양육자의 재정상태도 보인다. 시스템 에어컨과 하얀 벽지, 은은한 조명, 깔끔한 책상, 푹신해 보이는 침대, 수납장에 정돈된 좋아하는 책 혹은 장난감 등이 화면 너머로 보인다. 하지만 어떤 학생은 취향 자체를 녹일 수 없는 공간에서 산다. 그리고 취향이 아니라 작은 몸뚱아리 하나 쉽게 놓기 힘든, 생존을 녹일 수 없는 공간도 있다. 그런 아이들은 화면을 켜지 않으려고 한다. 오프라인 학교와 같이 학생들이 똑같이 서로의 얼굴을 마주하더라도, 온라인에서는 나의 배경을 함께 전시해야 한다. 결국 가정의 결핍으로부터 도피할 장소가 사라진다.

학교도 가정도 자신의 낙원이 되지 못할 때, 학생은 그 어느 어른들도 알 수 없는 또 다른 장소로 도피한다. 이는 자연스럽게 교육의 결핍으로 이어진다. 그리하여 가정과 완전히 분리된 실물의 학교는 존재해야 한다. 눈에 보이는 실물의 학교가 사라진다면 아이들이 눈에 보이지 않는 곳으로 사라질지도 모르니까.

그렇다면 극심한 빈곤만 해결되면 만사형통일까? 아니다. 남들과 달리 비주류 과목을 배우는 학생들은 배움의 결핍을 또 겪어야 한다. 나는 코로나19가 우리나라에 재앙처럼 닥쳤을 때, 한 특성화 고등학교에서 컴퓨터 모델링 수업을 진행했다. 등교 수업이었다면 쾌적한 환경에서 모두가 컴퓨터를 했을 텐데 온라인은 달랐다. 나는 첫 수업 시간에 학생들에게 다음과 같이 말해야만 했다.

"혹시 집에 컴퓨터가 없다면 개인적으로 연락 주세요. 본 수업이 모델링 심화 수업이기 때문에 휴대폰이나 태블릿 PC로는 학습하기 힘들 수 있습니다. 컴퓨터 최소 사양은 공지사항에 올렸습니다."

너도나도 연락이 왔다. 컴퓨터가 없거나 있어도 쓸 줄 모르는 학생부터 시작하여 사양이 좋지 않으니 컴퓨터를 새로 사야 하느냐는 학생까지, 대부분의 학생이 모델링 프로그램이 돌아갈 만큼의 고성능 컴퓨터가 집에 있지 않으니 제대로 된 실습수업은 불가능했다. 학생들도 분통이 터졌다. 졸업 후 바로 취업을 목표로 하는 고등학교 3학년 학생들은 볼멘소리를 냈고 덩달아 나도 조급해졌다. 컴퓨터는 그나마 구하기 쉬운 장비지만, 제과제빵과였다면 어땠을까? 주방을 바꾸고 대형 오븐을 사라고 할 것인가?

추후 교육부에서는 시간표를 재편성해서라도 등교 수업 때 집중해서 학생들을 가르치라고 했는데, 언제 등교 수업을 하고 언제 온라인 수업을 하는지조차 하루 이틀 전에 고지되는 경우가 많았다. 결국 사실상 유명무실한 대안이었다. 이런 상황에서 교육부에서 내놓은 신학기 온라인 개학 실시에 대한 보도자료(2020년 3월 31일 기준)를 보는데 참 황당했다. 국가가 전시 상황에서 누구를 먼저 대피시키느냐, 위급 상황에서 가장 처음 마련하는 대책이 무엇이냐에 따라 어떤 가치를 중요시하는지 알 수 있다는 말처럼, 해당 자료를 보니 대한민국이 중요시하는 가치가 무엇인지를 한눈에 볼 수 있다.

전국 고등학교에 배부하는 이 자료의 여러 항목 중에서 '수능 시행일 등 2021학년도 대학 입시 일정 조정'만 대분류로 할애하여 별개의 대안으로 마련해놓았다. 전적으로 진학하는 고등학교 3학년들만을 위한 내용이었다. 표지를 제외한 7장 중 한 장을 가득 할애하여 수능과 대입 일정에 관해서는 설명하면서 정작 직업계고, 장애 학생, 다문화 학생, 대안학교 학생을 위한 대안은 각각 두세 줄로, 전부 합쳐도 한 장이 안 된다. 이 자료를 보고 나니 '이 나라에서 학벌을 얼마나 중요하게 생각하는지 이렇게까지 처참하게 보여줄 필요는 없는데'라는 생각이 들었다. 1등 학생과 2등 학생을 나누는 사회의 민낯이 적나라하여 괜히 내 낯만 뜨거워졌다.

코로나19라는 팬데믹 상황에서 과거 교육부의 대응은 사회의 관심이 어디에 쏠려 있는지 명확하게 보여주었다. 사회에서 소외된 비주류 학생들의 편의를 고려하지 않는다면, 아무리 멋진 정보통신 기술을 도입해도 그 결과는 멋지지 않을 게 뻔하다. 결국 교육에서 첨단기술보다 중요한 건 '관심'이다. 관심의 결손이 해결되지 않은 나라에서 수업의 결손이 해결될 리 없지 않은가. 그러니 재난 상황으로 인해 온전한 교육이 힘든 시기일수록 국가는 관심의 사각지대에 놓인 학생들을 놓치지 않아야 한다. 땅 위에서도 살기 힘든 아이들이 어떻게 구름 위의 학교로 등교할 수 있을까? 단 한 명의 학생이라도 구름 위의 학교가 손에 닿지 않을 만큼 아득히 멀다면, 땅 위의 학교는 여전히 쓸모가 있다.

아직은 모르는 게 힘이다

언어에 민감하다는 건 '을'을 자처하는 일이다. 이 책에 나왔던 용어로 예를 들어, 누군가 내게 "너 요즘 되게 여자여자하게 입고 다닌다"라는 말을 건네면 나는 상대의 표현을 수정해서 대답한다. "오늘 하늘하늘하게 입긴 했지. 여자여자하다는 말보단 이게 좋을 거 같아." 그럼 상대는 절반 정도 "웬 트집? 너 잘났다"라고 약간 짜증을 섞어 말하거나, 남은 절반은 "아, 내 말이 좀 그랬네"라고 수긍한다.

이런 행동을 하는 건 딱히 잘난 체를 좋아해서가 아니다. 언젠가 일상생활에서 쓰는 언어가 사고를 지배한다고 믿기 시작한 후로 웬만해서 다 짚고 넘어가야겠다고 다짐하게 됐기 때문이다. 이후로 내가 콕 하고 찌른 말에 어딘가 따가웠던 이는 다시 그 말을 뱉을 때 신중하게 됐다. 물론 듣는 이가 제일 불편하겠지만 생각보다 지적하는 사람 속도 마냥 편하지는 않다. 누구에게나 사람들은 친절하고 상냥한 사람이고 싶지 않은가. 알다시피 사사건건 말의 꼬투리를 잡는 사람은 사회에서 그닥 인기가 없다. 다행히 나는 인기를 별로 원하지 않고 (하지만 내 책은 인기가 있었으면 좋겠다) 재수탱이라는 말에 상처받지도 않는다. 어차피 호감도는 내 노력으로 조절할 수 없는 유동자산과 같으니까. 그러므로 과몰입하지도 않는다. 비인기 인간이 지금까지 상처받지 않고 잘 살아온 인생철칙이다.

물론 이런 사람도 상처받는 순간은 있다. 설명꾼도 매일 같은 말을 해야 한다면 그냥 입을 다물고 싶어질 테니까. 상대가 이전에 설명해준 차별단어를 그대로, 또 그대로 썼을 때, 내 머릿속의 용광로에서는 분노가 감내할 수 있는 임계선 부근을 넘을락 말락 출렁거린다. 그러다가 한 번은 극심한 피로감에 화를 낸 적이 있는데 상대가 당황하면서 "왜 그런 거로 화를 내? 다시 설명해주면 되잖아!"라고 말했다. 보통 클라이맥스로 치닫는 극이라면 이런 말이 트리거가 되어 팡팡 터지는 결말을 선사하겠지만, 나는 오히려 뜨거운 머리에 냉각수라도 들이부은 듯 금세 차분해져서 체념했다. 그러면서 동시에 깨닫는 것이다. 내가 얼마나 보잘것없고, 안다는 것은 얼마나 나약한지. 모를 수 있다는 건 곧 특권이다. 그리고 대부분은 그 사실조차도 모른다.

그게 무슨 막말인가 하더라도 사실이다. 예를 들어 누군가 해맑게 "와, 점심 뭐 먹지? 선택 장애 온다"라고 말했다고 치자. 그러다가 얼마 안 가 술자리에서 또 이 사람을 만났는데 농담이랍시고 이런 말을 하며 껄껄 웃는 거다.

"여자는 크리스마스 케이크잖아. 25살에 가장 많이 팔렸다가 26살이 되면 아무도 찾지 않아!"

이 정도면 이제 그만 마주치고 싶은데 어쩌다 또 만나서, 이 인간이 당신과 같이 간 지인에게 "지잡대 나오셨는데 대기업에 다니시네요. 엄청 노력했나 보다" 따위의 말을 칭찬이랍시고 해도, 나는 불편하겠지만 상대방은 딱히 아무 생각도 없고 특별히 악의를 가진 게 아닐 수도 있다. 그저 생각보다 주위에서 흔하게 볼 수 있는 사람이다. 그리고 이 가상의 인물은 '몰라도' 별 탈 없이 잘 살아왔을 수밖에 없다. 그렇다. 모르는 것이 힘이기 때문에, 모르는 것이 주류이기 때문에.

언어는 주류가 만든다. 그리고 이 주류, 다수가 공감할 수 있는 단어는 '이견' 없이 상식이 된다. 사실 분명, 이견은 있다. 다만 주류의 귓가에 닿지 않았고 공허하게 흩어질 뿐이다. 주류의 언어는 곧 일상어가 된다. 우리가 선택 장애라는 말을 장애인의 눈치를 보지 않고 재밌다고 쓸 수 있는 이유는, 비장애인이 주류이고 그들만의 리그에서는 아무 문제 없기 때문이었다. 다른 차별 단어도 마찬가지다. '벙어리 장갑'이 그랬고 '몰래카메라'가 그랬고, '버진로드' 같은 단어가 그러했다. 만일 '이런 것까지 차별단어라고?' 라고 느낀다면, 그만큼 자신이 그 분야에 권력층이라는 반

증이다. 아니면 '이런 것'이 담고 있는 비주류의 사회를 단 한 번도 고민해보지 않았거나 혹은, 존재조차도 몰랐거나.

"도대체 무슨 말을 쓰란 말이야?"

맞다. 지금 세상에는 참 쓸 만한 말이 없다. 하지만 지나가버린 시간을 돌릴 수 없듯 깨달아버린 차별도 모르던 때로 돌아갈 수 없다. 책을 한 장씩 곱씹으며 넘긴 이라면 더 그렇다. 나는 차별 단어의 존재를 처음 알았을 때 그저 전전긍긍할 수밖에 없었다. 차별 단어를 인지하고 나면 차별당하는 사람들이 보인다. 일상대화에서 일어나는 언어의 사고사가 보인다. 몰라서 던진 단어에 생채기가 난 사람들이 보인다. 온종일 마음이 불편해진다. 내가 과거 모르고 사용한 단어들이 자기 전에 머리 위로 스쳐 지나간다. 안다는 건 그런 의미에서 고통스러운 일이다. 영화 〈매트릭스〉의 빨간약처럼, 먹기 전으로 돌아갈 수 없다. 하지만 과거를 너무 자책하지 말자. 이미 공중에 흩어진 말들을 하나하나 쫓아갈 필요는 없다. 나도 차별할 수 있다는 사실, 그냥

이 정도만 인정하는 거다.

　언어에 민감하더라도 '을'이 되지 않는 법이 있다. 우리와 같은 사람을 한 사람 더 늘리면 된다. 단지 늘어나는 일에서 멈추지 않고 함께할 아군으로 만들면 된다. 언급했다시피 언어는 주류가 만든다. 무지한 다수가 아닌 차별을 인지하는 이들이 다수가 되면, 언어는 여지없이 다수에 의해 바뀔 것이다. 그날이 오면 악의 없는 무지는 '무식'이란 이름으로 힘을 잃고, 현재 범람하는 차별 단어들은 더는 일상생활에서 볼 수 없는 단어가 되지 않을까. 그저, 세상의 모든 차별 단어가 역사와 사전 속에서 영원히 잠들 수 있기를. 다시, 아는 것이 힘이 되는 세상이 오기를.

더 나은 내일을 위해 새로고침이 필요한 말들

이제 그런 말은 쓰지 않습니다

초판 1쇄 인쇄 2022년 9월 26일
초판 1쇄 발행 2022년 10월 5일

지은이 유달리
펴낸이 김선준

기획편집 이주영   **편집1팀장** 임나리   **디자인** 김세민
책임마케팅 권두리   **마케팅팀** 이진규, 신동빈
책임홍보 권희   **홍보팀** 조아란, 이은정, 김재이, 유채원, 유준상
경영관리팀 송현주, 권송이

펴낸곳 (주)콘텐츠그룹 포레스트   **출판등록** 2021년 4월 16일 제2021-000079호
주소 서울시 영등포구 여의대로 108 파크원타워1 28층
전화 02) 332-5855   **팩스** (070) 4170-4865
홈페이지 www.forestbooks.co.kr
종이 (주)월드페이퍼   **출력·인쇄·후가공·제본** 더블비

ISBN 979-11-92625-05-8 03190

콘텐츠그룹 포레스트는 독자 여러분의 책에 관한 아이디어와 원고 투고를 기다리고 있습니다. 책 출간을 원하시는
분은 writer@forestbooks.co.kr로 간단한 개요와 취지, 연락처 등을 보내주세요. '독자의 꿈이 이뤄지는 숲,
포레스트'에서 작가의 꿈을 이루세요.